王麗婷——著

空姐 飛常不簡單

我的空服生涯全紀錄

空服員的專業是你一輩子都不想遇到的
準備降落，猴子與狗有什麼不同
飛安只有100分，沒有99分
網路傳言大揭密
空服員不說的秘密，Oops！
航空業的魔幻力量

序

2016年6月24日零時，華航空服員罷工開始。

斗大的字眼了搶攻了所有媒體頭條新聞，那時候的我，剛剛通過了碩論的口試，正在日本，享受三天的大阪快閃行。

雖然我並不是華航的空服員，這次的罷工也沒有影響到我的行程，但一般民眾、甚至許多一樣同在航空公司工作的同事們，對空服員的認識、工作內容、訓練過程，或多或少均有落差，更別說將「飛安」與空服員連結了。

一架航班的起降，就猶如工廠裡的一條生產線，而空服員在這條生產線裡所扮演的角色，卻總是被塑造成「印有保存期限的精美產品」，或者是「商品代言人」。

「罷工固然告一段落，社會上對女性工作的刻板印象並未因此鬆動，正如同在鏡頭前聚焦的，總是那最香最美的一樣。」（張慶玉，2016）。

一位學弟在他的臉書上寫著：空服員的專業是什麼？空服員的專業是你一輩子都不想遇到的！這句話給了我寫這本書的靈感與動力，我能為這十多年的飛行留下些什麼呢？談飛安，我還太資淺，但或許我能利用文字，把空服員所接受的訓練過程，完整的記錄下來。

新進空服員訓練、座艙長訓練、講師訓練，這些都是我親身經歷過的，希望懷抱著空服夢想的朋友們，可以對空服員這個工作的內容，有更深入的了解，也期盼社會大眾能藉由筆墨之間，重視空服員的專業價值。與其稱呼空服員為「空姐」或「空少」，我想，或許有更多空服員樂意聽到「飛安天使」這個名詞。

目錄

.Chapter.

1

空服員的專業是什麼？

空服員的專業
是你一輩子都不想遇到的

電視上正撥放著阿聯酋航空最新的廣告，廣告中，珍妮佛安妮斯頓在五星級飯店的奢華浴室裡優雅的淋浴，蓮蓬頭下的小珍仰著脖子，恣意地讓每串水珠溫柔的落在她的臉龐與髮絲上，一整天的疲倦與壓力，彷彿也隨著順而流下的水滴消失殆盡……

忽然，她驚醒了，弔詭的是，她竟分不清這是夢境還是現實，為了釐清自己身在何處，小珍走出房間，映入眼簾的是一位空服員在吧檯擔任調酒員，對著她微笑，還有許多穿著高尚禮服的男男女女，手持著香檳，輕鬆自在的聊天。

對了，她想起來了，原來，她不是處在夢境裡的五星級飯店，而是真實地在高空四萬英呎的飛機上。

隨著飛機製造技術的日新月異，旅客在機上可以享受的服務也越來越高檔，許多航空公司早已將機艙打造成媲美、甚至超越五星級飯店的裝潢了。幾十年前的衛星電話及娛樂系統，早就已經是「基本配備」了，現在，流行的是在空中上網、臉書打卡，甚至「躺著飛」！

當航空業者在硬體設備不斷升級的同時，「軟體」設備，也就是空服員，當然也需要跟著同步升級，因此，空服員除了基本的安全訓練之外，服務訓練的項目也越來越多。但本著十多年的職業病，我還是得告訴各位本書最想表達的一句話：「若沒有飛

空姐飛常不簡單
我的空服生涯全紀錄

安為基礎，再高檔的服務也無福消受呢！」

　　並非賣弄專業，而是誠意的表述真相——若沒有基本的機上緊急安全訓練，小珍又怎麼能無後顧之憂的在高空中恣意淋浴、品嚐美酒呢？

懶人包 —— 一張表格了解空服員地面學科的養成訓練

幻滅是成長的開始

新進空服員報到的前一天，我在辦公室裡忙進忙出的，準備隔天學員的受訓須知、課表、上課用的課本、講義以及所有科目的考核表。對各家航空公司來說，招考空服員算是件大事，姑且不論新聞媒體的大肆報導之外，光是長達將近兩個月的招募過程，就需要動員許多人力支援，而對於經歷千人激烈競爭，好不容易考進來的準空服員來說，最期待的，就是報到的這一天。

這一天，我抱著一個大紙箱，裡面裝了昨天準備的資料，抵達訓練教室。教室裡的學員們嘰嘰喳喳忙著彼此聊天、認識彼此，直到我開了門，進入教室後，嬉鬧的笑聲才停止。

向學員簡單的自我介紹之後，我拿起了麥克筆，在白板上寫上我的分機號碼以及手機號碼，「各位同學，在大家受訓期間，都由我負責管理各位所有的大小事務，在公司，有任何問題，請

空姐飛常不簡單
我的空服生涯全紀錄

打我的分機，受訓期間，如果需要請假，請在前一天或上課前打我的手機，口頭向我請假，簡訊、Line、或其他的方式，我都一律當作沒看到。」

一眼望去，台下盡是一張張與年紀不協調的臉孔，稚氣、青春，卻又頂著大濃妝，千篇一律的白襯衫、黑色及膝窄裙、梳著包頭、腳踩黑色高跟鞋，跟二十年前第一天報到的我，沒什麼兩樣。

我面無表情，把紙箱裡的資料依序拿出來，繼續說著：「當一個空服員，最基本的就是守時，所以，每天早上八點整，我都會準時到教室點名，順便檢查各位的服裝儀容，八點整，沒有化好妝、坐在位置上的，就算遲到，遲到三次，就退訓。」

沒有一個人敢出聲，安靜的程度跟我進到教室之前的吵雜聲，有如天壤之別。我拿起受訓須知及課表，示意要第一排的學員傳下去，「這是各位的受訓須知及課表，每人一份，現在，我要先向大家講解退訓的標準。」

「不會吧？椅子都還沒坐熱，退訓這字眼就出現兩次了？而這學姐，臉有必要這麼臭嗎？」，我猜每個學員心裡應該都這樣想。

「不是學姐要嚇你們，每一期都有人被退訓，在報到的第一

天，先把遊戲規則講清楚，免得到時被退訓了，大家都哭哭啼啼的向我求情，說學姐沒講清楚。」，誰不想當個學妹眼中的天使學姐啊，但面對訓練，我寧可一開始就把醜話說在前頭，也不要讓他（她）們有任何僥倖的心理，以為空服員是這麼好當的，只要畫個漂漂亮亮的妝、穿著美美的制服跟三吋高跟鞋、拉著行李箱，自以為優雅的在機場走來走去就可以了。

「請大家翻開受訓須知裡的第三頁。」，我很喜歡觀察每一位新進空服員，因為從他（她）們的表情，就可以大略了解每個人的個性與反應快慢，看到一條條文謅謅的退訓標準，有人馬上皺起了眉頭，有人開始認真仔細地閱讀，還有人搞不清楚第幾頁、左顧右看的。

我開始逐條講解：「各位受訓分為兩個階段：地面訓練與空中訓練，地面訓練通過了，才有資格繼續空中訓練。」，大家點點頭，紛紛表示了解。

「地面訓練所有安全相關科目筆試的及格分數都是一百分。」，一聽到我這麼說，所有學員都露出不可置信的表情：一百分？那就是一題都不能錯囉？

我笑了笑，接著說：「沒錯，一百分的意思就是一題都不能錯，因為，飛行安全是不容許打任何折扣的。」，我注意到有些學員面露難色，有些學員則開始在思考這句話的意義。

　　「同一科目補考僅限兩次，簡單來說，就是同一科有三次的考試機會，第三次還是考不到一百分，就會被退訓。」，又是退訓？所有的學員一聽到退訓這兩個字，臉上的表情好像是吃到了黃連一樣，苦不堪言。

　　「好了，最後一條了，安全相關科目，補考科目超過1/2，亦達退訓標準。」，每個人疑惑的看著我，好像我說的是火星文，照慣例，這一條總是得補充說明，「請大家拿出課表，算一

這些都是通過地面訓練、空中訓練合格空服員

下安全相關科目總共有幾科。」

「十一科」，大家異口同聲的回答。

「沒錯，是十一科，也就是說，如果你有六科的安全科目，在第一次考試時沒考到一百分的話，就有六科的補考紀錄，一樣會被退訓。」，吼～～～所有學員不約而同發出大大的嘆息聲，剛剛興奮的心情，似乎全都煙消雲散了。

幻滅是成長的開始，這句話真的是所有新進空服員心情的最佳寫照，千辛萬苦的擠破頭，考進航空公司，充其量，也只不過是拿到一張門票而已，想要穿上制服、飛上天空，還得經過地面訓練、空中訓練，通過一連串的考驗，才能拿到畢業證書，成為一位合格的空服員。

可以勇敢，也可以溫柔

許多人會問，成為一位空服員很難嗎？有關空服員訓練的報導都是真的嗎？空服員的訓練過程鮮為人知，相關報導雖然真實，但也僅只能稍稍揭開訓練的花架。為了讓各位了解如何成為一位合格的空服員，因此，我粗淺的依照訓練的類別，整理了下表，供各位參考：

空姐飛常不簡單
我的空服生涯全紀錄

一般類	安全類	服務類	訓練時數/小時
主管致詞/受訓須知			2
工作須知與自我管理			2
任務派遣及其他與自我管理			4
	民用航空運輸作業概論		10
	客艙作業基本通則		34
	安全示範訓練		16
	機種介紹及裝備操作訓練		30
	緊急裝備訓練		30
	客艙安全及緊急程序訓練		48
	危險物品處理訓練		4
	航空保安訓練		12
	機上緊急醫護協助訓練		24
	CRM[1]		4
		機上廣播詞	16
		服務流程訓練	16
		免稅品銷售技巧	16

一般類	安全類	服務類	訓練時數/小時
		化妝技巧	8
總時數/小時			276

上表中的安全類科目總時數為212小時，佔了總訓練時數的77%，由此可知，飛機上的安全相關訓練，是新進空服員最重要的職前訓練，這也意味著空服員的在飛機上所扮演的角色，不單單只是發發餐點、問問乘客「Coffee, Tea, or Me?」的空姐、空少，而是受過專業訓練、當機上發生任何緊急狀況時，能協助乘客的「客艙組員」。

以我曾經任職過的航空公司之一為例，**新進空服員地面訓練的時間為260個小時；若以一天8小時的工時、一星期五個工作天來計算，大約是一個半月**；若再與大學四年的128個畢業學分相比，足足超過一倍。所有的新進空服員們，首先得在兩個月內修畢260個學分，才能拿到地面訓練的結業證書。

曉妮是個傻大姐，個子不高，說起話來溫吞溫吞的，所以，我老愛開她玩笑。這個好脾氣的女孩，曾經在日本遊學打工過兩年，因此日文能力非常好，雖然擁有日文一級檢定的能力，但卻

---

[1] CRM (Crew Resource Management)：組員資源管理，課程著重於飛行員與飛行員或飛行員與空服員之間的溝通協調。

對台語廣播詞頭痛不已，老是傻傻的分不清楚機長、機場怎麼念。

有一次，我看見她的廣播詞裡，滿滿的都是用日文、英文甚至注音符號寫的註記，覺得好笑，便隨口問她：「曉妮啊，妳這輩子有這麼認真唸書過嗎？」，曉妮略帶尷尬的告訴我：「學姐，還真的沒有耶！」。

我又順手翻了翻她桌上那本畫滿五顏六色記號的課本，接著說：「那麼我再問妳，妳還記得第一堂課，我問大家的問題，<u>空服員存在於飛機上的目的是什麼嗎？</u>」。

<u>「確保所有乘客的飛行安全啊！」</u>，聽到曉妮這麼說，我覺得十分欣慰，原來，她一直都記得我說過的話，也清楚明白自己的專業價值。

如本章章名所述，空服員的專業是什麼？空服員的專業是你一輩子都不想遇到的。舉凡緊急裝備的使用、緊急逃生的程序、危險物品的認識及處理、航班遭受恐嚇威脅或機上乘客需要緊急醫療協助等等，都是空服員存在於飛機上的目的，為了確保所有乘客的飛行安全，訓練過程不僅要紮實、嚴格，還要模擬各種突發狀況，考驗新進空服員的應變能力及團隊合作。

沒有任何人希望這些訓練能夠派上用場吧！但如果真的不幸

發生了，空服員就是機上所有乘客的守護者，可以勇敢，也可以溫柔。這就是空服員的專業。

陪你的260個小時

訓練教室裡空蕩蕩的，只有我跟一位即將被退訓的學弟——俊文，曾經是一位專業的彩妝師的他，平時不太多話，但眼神裡隱藏不住一股善良又熱心助人的服務特質，在這期新進空服員的化妝技巧課程裡，俊文不但協助請來一位造型師好友擔任講師，也提供自己的專業彩妝用品供大家練習使用。

老實說，俊文是我看過最用功的學員，因為知道自己的程度跟不上其他學員，在受訓期間，幾乎天天都在下課之後留下來複習。我看著考卷上的分數欄裡，大大的用紅色簽字筆批改的98分，既心疼又無奈，整個下午都在思考著，該如何告訴他這個壞消息。

「俊文，你的安全科目已經超過一半不及格，達到退訓標準了。」，我盡量用一種平和的語氣告訴他，不讓他發現我的失望。

「學姐，對不起、對不起……」，俊文自責的說了好幾次對不起，眼淚像洪水潰堤一般不斷落下。

　　其實，中午休息時，當我請俊文下課後單獨留下來面談時，他應該就已經心裡有數了，只是，當親耳聽到正式宣告被退訓的那一刻，就算是鐵漢，也無法抑制面對失敗而流下的眼淚，將近一個月的努力，竟在最後的關頭，一切歸零，任誰也會不甘心。

　　「俊文，我知道你一直都很努力，所有人也看到了你的努力，但是，你這一科安全科目的成績，只考了98分，再加上之前沒過的科目，已經有六科的補考紀錄了，在報到的第一天，發給大家的受訓須知裡，白紙黑字寫得清清楚楚，所有的安全科目，及格分數都是一百分，補考科目超過一半以上，就達退訓標準，對吧？」，俊文看著我，理理情緒後，收起了淚水，勇敢的點了頭。

　　遞給俊文預先準備好的面紙後，我接著說：「不過，上帝雖然關了這扇門，卻還是為你開了另一扇窗。我們和其他航空公司不太一樣，最重視的是態度，願意給肯努力學習，但需要多一點時間準備的學員再一次機會，所以，主管要我轉告你，歡迎你加入下一期的招考行列，重新受訓一次。」

　　我從口袋裡拿出一個行李掛飾，交到他手上：「這是你學長姐們都會別在行李箱上的掛飾，送給你，就當作我們之間約定的信物，希望你可以在這段期間，好好充實自己，受訓期間的筆記也要常常拿出來複習，我們下一期見，好嗎？」

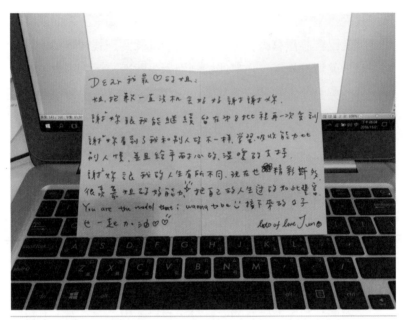

俊文完成訓練後，寫給我的小卡片。

　　新進空服員的地面訓練過程中，淘汰制是必然的，**不只新進空服員的訓練，其他所有的訓練，包含年度緊急複訓練、客艙長升等訓練、講師訓練、引進新機型的機種轉換訓練，還有因為各種原因而留職停薪的恢復資格訓練等，都必須依照呈報民航局核准後的訓練手冊內容執行。**而且，各家航空公司安全類學科的及格標準都是一百分，即使只錯了一題，也是不及格，對於千辛萬苦考進來的學員而言，被退訓了，等同飛行的夢想也幻滅了。

我看著俊文離開的背影，心裡五味雜陳，職場畢竟不是學校，特別是空服員的訓練，攸關著飛機上所有乘客的安全，就算用再嚴格的標準來要求也不為過。而考試，不只是評量學員訓練的指標，更重要的目的，是測驗學員細心的程度，在飛機上，空服員的每個工作程序都與安全環環相扣，一個疏忽，就有可能造成無法挽回的遺憾事件。

半年後，俊文沒讓我失望，再一次的加入招考，憑著自己的實力，成功的通過了260個小時的地面學科與4次空中飛行訓練，成為一位合格的空服員，實踐了他與我的約定，也圓了他的夢想。

與安妮的初吻

第一次遇見安妮，是她昏倒在地的時候。

安妮是一位知名的大人物，在空服、醫護、緊急救護界赫赫有名，所有認識她的人，對她說的第一句話，一律都是：「小姐、小姐，妳還好嗎？」

其實，安妮就是讓學習心肺復甦術(CPR)的學員練習按壓的假人。

沒進入航空公司之前，還真的不知道空服員也要持有心肺復甦術(CPR)及自動體外心臟電擊去顫器(AED)的證照。

在日常生活中，如果發生急症，只要叫救護車或者趕快到醫院就醫就可以了。但是在飛行途中，飛機上沒有足夠的醫療設備，若要申請緊急降落，至少也需要20分鐘以上的時間才能夠落地。因此除了CPR及AED之外，空服員還要具備基本的醫療常識，例如：簡易傷口包紮、燙傷、中風、休克、癲癇、緊急接生等等的緊急處置。

雖然飛機上的急救箱與醫療箱裡都有急救用藥，但**空服員並非持有合格執照的醫生，無法給予病患乘客用藥**。這時，就只能透過廣播尋求機上是否有醫生願意協助了。即使空服員不能給予病患乘客用藥，但還是得知道機上的藥品放在哪裡、有哪些藥品、什麼藥名、多少數量及對應的病症。

對於非相關科系畢業的空服員來說，要背下十幾種英文藥名與對應的病症、用三角巾或繃帶包紮傷口，真的不是件簡單的事，尤其要是真的在飛行中遇到需要緊急醫療協助的乘客，飛機上所有空服員的團隊合作更顯重要。

初次學習包紮傷口，就可以看出每個人手巧的程度，有些人看醫師示範一次，就學會了，包紮好的成果既整齊又穩固。但有些人，不知怎麼著，繃帶繞來繞去，就老是纏成一坨。不過，所謂勤能補拙，手拙的學員還是一次次的拆了又包，包了又拆，再把包紮好的成果拍照記錄下來，有空再練習，不怕一萬，只怕萬一，深怕將來需要派上用場時，手忙腳亂不說，還耽誤了急救。

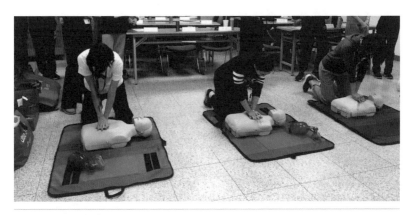

新進空服員認真練習CPR

　　這堂課，只有專業合格的緊急救護人員或醫師才有資格授課，也沒有特別安排訓練科的人員前來督課，我只交代了這一期新進空服員的班長維克，請他幫忙注意大家上課的情形，千萬不能因為沒有人督課而鬆懈。

　　說到這班長維克，還真的是難得一見的暖男，身高一百九十公分，卻有顆貼近人群的心，雖然是國立大學英文系畢業的高材生，但一點也不高傲，反而常常陪著俊文留下來複習功課，比起同年紀的小朋友，個性穩重許多，所以，我總是十分放心的將些重要的任務交代給他。

　　儘管如此，在這為期三天的緊急醫療救護課程裡，我還是會像第一次送小孩到幼稚園上課的媽媽一樣，三不五時的在教室

外，偷看他們上課的狀況。

從窗戶的縫隙中，我看見教室裡的地板上，整齊排列著讓學員練習CPR的假人以及AED機器，為了要通過這兩項考試，拿到證照，所有新進空服員兩人一組，跪在地上，一人對著假人的嘴巴送氣，另一人念著口訣、練習按壓。而專業的醫師則在旁邊一組一組地細心指導，雖然在室內，還開著冷氣，但每個學員還是因為練習連續按壓的動作而流了滿身大汗。

這些學員們，一次次來回奔跑練習如何搬運傷患、跪在地上努力練習按壓的動作、拿起藥品拍照，就在看到大家那麼認真學習的同時，我也從窗戶玻璃上的映影，看到了自己的微笑。

It's Show Time

當年教導我安全示範的學姐，身高一百七十二公分，有著一雙修長的美腿，我記得她第一次走進教室裡的樣子，就好像是模特兒走上伸展台一樣，做起安全示範，既專業又優雅，對於我們這些剛從學校畢業的菜鳥而言，無疑就像女神降臨。

跟其他安全類的科目比較起來，安全示範算是比較輕鬆、活潑的訓練，不過，在所有乘客面前示範，對第一次上機實習的空服員來說，最需要克服的就是「不怯場」，因此，除了課堂上的訓練之外，考試時，新進空服員都必須個別的在所有人的面前示

空姐飛常不簡單
我的空服生涯全紀錄

範，配合廣播詞的內容，還要面帶微笑，如同一場Live Show。

　　安全示範裡含蓋了機上須知卡的內容，包括了座椅安全帶、緊急出口、救生背心、氧氣裝備及供乘員個別及共同使用之其他緊急裝備。而透明的安全示範包裡，則放置了這項演的「道具」：一組安全帶、一個氧氣面罩、一件救生衣，還有一張安全須知卡。

　　除了動作確實之外，臉部表情及肢體語言也是測試評量的指標之一。有些人天生肢體語言豐富、自然，有些人肢體語言僵硬，動作像機器人似的，不過，只要透過不斷的練習，都能夠演出一場成功的Show，就像周星馳著名的電影台詞：「只要有心，人人都可以成為食神。」

　　還好，我的運動細胞算不錯，受訓的時候，做錯動作、被挨罵的那一個，永遠都不會是我，在考試前，這位女神學姐，要我

位於飛機上的安全示範袋

們一個一個上台表演，輪到我的時候，心裡想著，等一下表演完畢，一定要記得把所有的「表演道具」整齊的收回安全示範袋內，這可是學姐上課時一直提醒的，如果忘了，就要重考。

表演完畢，學姐對我投以滿意的眼神，正當我為了慶幸自己沒挨罵而專心的折著救生衣、把一件件道具整齊的放回安全示範包的時候，忽然聽到學姐高八度的大吼：「王、麗、婷，妳已經收拾了五分鐘，還沒收完，飛機都已經快要起飛了，其他的事情還要不要做啊？」

當時我一直不懂，不過就是收個東西嘛，為什麼只是收慢一點，也要被罵。等我上了飛機，進行空中訓練的時候，我才知道，原來空服員完成安全示範後，大概只剩五分鐘，飛機就差不多要起飛了，在起飛前，還有許多安全檢查要做，如果動作不快點，真的就像學姐說的，什麼事都不用做了。

時空轉移，每當我教授到安全示範的時候，都會拿自己的例子，當作課堂上的笑話。偶爾，我還會故意地用快轉兩倍的速度念著廣播詞，這樣一來，為了跟上廣播詞的速度，學員的動作也就必須跟著快轉兩倍，說實在的，當我看到每個學員手忙腳亂的樣子，內心便暗自竊笑，想當年，自己也是這樣過來的。

別以為這是學姐在整學妹，事實上，有些機場的停機坪與跑道間的距離非常短，從飛機關了門到起飛，只有十分鐘不到的時

空姐飛常不簡單
我的空服生涯全紀錄

新進空服員於飛機上練習安全示範

間，為了在這十分鐘內完成所有的準備，速度自然要加快點。

當進行安全示範時，所有乘客的目光都聚集在自己身上，如果沒有百分之百的熟練，那就會當場出糗了，而乘客也會對空服員的專業質疑，因此，上課時，講師都必須仔細的矯正每個動作、每個手勢。下課後，每位新進空服員，都會照著鏡子，或是互相錄影，一次又一次的反覆練習，直到每個動作到位為止。

這幾年，有些航空公司，例如宿霧航空(Cebu Pacific)，創新了安全示範的方式：空服員伴隨著節奏輕快的舞曲，用熱舞的方式表演安全示範，讓人耳目一新，成功的吸引了每位乘客的注意力，想不到，安全示範也可以用這麼活潑的方式呈現。

但不論是傳統或是創新的示範方式，在背後，都累積了空服員無數次的練習，而目的，都是為了告訴大家，觀看安全示範這件事，在搭乘飛機時，是多麼重要的一件事。

幸好，目前還沒有任何一家國籍航空的安全示範以勁歌熱舞的方式進行，不然，要成為這一堂課的講師前，還必須先參加熱舞訓練班吧？

實機測試，電影「食神」對話，精彩呈現

芝麻開門，失敗中的失敗！

空服員訓練的考試方式，包含了筆試、操作測試、實機測試還有在模擬客艙內實施的緊急逃生演練，每項考試的方式或測試地點都因訓練目的而有所不同，而所謂實機測試，就是在飛機上進行實際測試，而不是在教室內或模擬客艙內進行測試。

因為需要在真實的飛機上進行這些考試，訓練科必須依照飛機的調度，在飛機沒有飛行任務，或定期進廠維修，停在地面沒有使用時，才能進行，因此，考試的日期需要與其他單位協調配合。

不僅如此，在進行這些實機測試時，還必須動員至少三位講師，考試的流程就好像過五關一樣，每個關口，都由講師把關，在考試的過程中，學員只要一個口令、程序或動作出錯，就必須重考。

這是攸關航機飛安的第一道防線，目的就是為了讓新進空服員熟悉自己將來的工作環境。飛機就是空服員另一個家，乘客，就好比到家裡拜訪的朋友，在家裡除了身為主人的自己，還有誰比我們更了解這個家裡面所有的擺飾、冰箱有那些東西、廚房裡的鍋碗瓢盆放在哪裡、如何使用？一樣的道理，在飛機上，也只有空服員最了解逃生路線、有些什麼裝備、放在哪裡、如何使用？為了讓新進空服員及早進入狀況，許多工作流程的測試，都必須在飛機上進行。

　　開關艙門的訓練與考試，就是實機測試的項目之一，身為飛機的主人，怎麼能夠不會正確開關艙門呢？就算家裡的大門有一道又一道複雜的鎖，自己也一定要會開，不是嗎？在新進空服員安全類的訓練課程中，「艙門操作」、「緊急裝備」與「緊急逃生程序訓練」這幾個學科，是所有訓練裡最「硬」的課程，而航空公司對新進空服員的要求，跟電影「食神」中，周星馳對雜碎麵的要求一樣嚴苛。

　　晶晶是一位資深的空服講師座艙長，教學認真負責，卻也是出了名的嚴格，雖然嚴格，但上課風趣幽默，加上生動活潑的肢體語言跟笑話，總是能讓嚴肅的課堂上充滿笑聲。雖然平常總是笑嘻嘻的，但在面對考試把關的時候，就像京劇變臉一樣，瞬間變成大魔王，加上獨一無二的毒粲蓮花，說話毫不留情，在十大魔王的排行榜裡，如果晶晶稱第二，無人敢稱第一。

提供學員們進行實機測試的飛機，停在桃園機場裡的修護工廠，上了飛機之後，晶晶站在前門把關，而另一名講師嘉明，則負責緊急窗的部分。

「好，再過五分鐘，我們就按照員工碼開始考試，考試的時候，請各位注意自身及飛機的安全，不要讓自己受傷，更重要的，請不要讓飛機受到損傷。」，話說完，晶晶立即轉身走向機門邊，面無表情的等待第一位考試的學員。

沒錯，實機測試的時候，講師除了要注意學員的安全之外，也要特別注意飛機的安全，所有的學員都是第一次上飛機、實際開關艙門，還要練習把重達15公斤的緊急窗搬下。如果姿勢不正確，很容易就讓自己受傷，飛機也有可能因為學員的一個不小心，而遭受損害。

考試才開始不久，就聽到晶晶不斷咆嘯著：「重考！重考！重考！」、「下一個！下一個！下一個！」

而在緊急窗的嘉明這邊，更是狀況百出，頭一個學員，才一伸手，就被狠削了一頓，「學妹，妳這樣的姿勢完全不對，這個窗麼重，就算你把它硬搬下來，手一定會受傷，我再示範一次，大家注意看。」，嘉明一邊說著，一邊用分解動作，示範著如何正確的把緊急窗搬下來。

「看到沒？就是這樣，接下來考試的同學，只要左右手方向不對，就重考！」，雖然嘉明的講師資歷只有兩年，但非常具有教學熱忱，一樣的分解動作，不厭其煩的在短短的兩個小時內，重複示範了快十次。

　　我看著嘉明，回想起幾年前，當我還跟著學姐當實習講師的時候，有一位新進空服員，因為緊張而背錯開門程序的口令，學姐冷酷的打斷她：「重考，下一位。」，接下來，也有幾位學員，沒通過考試，然後，這位同學的考核表，便被學姐生氣地丟在地上，然後補上一句：「重考，重考，回家到底有沒有念書啊？下一個……」

　　「重考！重考！重考！」、「下一個！下一個！下一個！」，這幾個字瞬間在我耳邊如雷貫耳的重複著，頓時，出現在我腦海裡的，就是電影食神中，周星馳對著那碗雜碎麵，挑剔的畫面：「失敗！失敗！失敗中的失敗！」的畫面。

　　這些新進的空服員，心裡一定都是滿滿的抱怨與委屈，明明背了幾百次的程序與口令，為什麼在測試時，一個程序或口令錯誤就得重考。

　　我常常拿一些貼近日常生活的例子做比喻，告訴學員：其實當每個人每天出門時，拿鑰匙、關門，都有固定的程序，只是自己沒發覺。因為，這些動作，我們重複了上萬次，已經變成了習

空姐飛常不簡單
我的空服生涯全紀錄

慣動作，就算是重複了上萬次的習慣動作，還是會發生關了門卻忘記帶鑰匙的窘事。

　　回到家，發現忘了帶鑰匙而被關在門外，可以當作一個笑話，但在飛機上，任何人為疏失，都是錯誤鏈的一環，許多飛安事件，都是因為沒有落實SOP而造成的，唯有確實遵守標準流程，才能預防錯誤。

鬼遮眼

　　「學妹，妳的眼睛被鬼遮了嗎？」晶晶天外飛來一筆的這句話，讓正在進行清艙檢查測試的學妹一臉困惑。

　　「這麼大的一個包包放在座椅上，妳都沒看見，眼睛不是被鬼遮了，那是什麼？清艙檢查最重要的目的，就是檢查所有不該出現在那裡的、不能被解釋的與不恰當的，這些都算是可疑物品，應該要通報座艙長啊。這個包包這麼大，妳還可以視而不見，妳知不知道這裡面可能裝有危險品，也可能裝有爆裂物，我看妳心不在焉的，這樣怎麼繼續考試啊？重考！」，晶晶一個螺絲也沒吃的火力全開。

　　一聽到見「重考」這兩個字，學妹急得都口齒不清了：「學姐，我有看到啊，可是、可是……」

「可是什麼啊？」，晶晶耐著性子問道。

「可是這個包包，是、是、是學姐您的啊……我不敢動……拜託啦，學姐我真的有看到妳把包包放在椅子上，我知道那是妳的，所以我真的不敢動妳的包包啦」，學妹一邊解釋，一邊求饒。

聽到學妹的回答，晶晶立刻翻了個白眼，無奈地說：「學妹，這包包是我故意放在椅子上的，就是故意要測試你們的警覺心，我是不是說過，寧可殺錯一百，也不能放過一個？以後當妳真正上飛機的時候也一樣，就算是機長、機務人員或其他組員的包包，都要通報、問清楚到底是誰帶上來的。妳，重做一次！」

頓時，機艙裡一陣靜默，晶晶忍著快要抑制不住的性子，深吸一口氣，對這位天真的學妹說：「現在是在考試，不管妳看到誰的包包，都要當成可疑物品。」

空服員登機後，第一件事就是進行所有航行前的檢查，包括清艙檢查、緊急裝備檢查及清潔檢查。所有的檢查都有一張檢查表，只要按照檢查表上的項目逐項檢查，且抓住檢查的要領，就能在限定時間內完成，這些檢查完成之後，乘客才可以登機。

如同晶晶說的，清艙檢查的目的是為了確保飛行安全，不只在乘客登機前，連乘客下機後，空服員都要檢查每個座椅前的口

袋、上方的行李箱、廁所的每個置物櫃，連空服員在廚房工作的區域、餐車，只要有門的地方，都要打開來檢查。

　　檢查的時候，不只要仔細，而且一定保持高度的警覺心，才能夠發現這些可疑物品、危險物品或危安物品。因此，測驗的時候，講師都會故意在某些令人乎略的地方，放置一些小包包、罐子、或垃圾袋等等不應該出現在飛機上的物品。如果學員檢查的不夠仔細，很容易就疏漏了。重考還算事小，將來在飛機上，若是有心人士故意放了危害飛安的物品，而空服員沒檢查到，對飛行安全將是多麼大的威脅？

　　看到學妹緊張兮兮的樣子，我回憶起第一次飛國際線的時候，也是這樣，看到一台餐車貼了封條，心想，為什麼只有這台餐車貼了封條，這到底是能開還是不能開啊？既然貼了封條，理應是不能開的，可是，為什麼餐車要貼封條呢？我左思右想，最後還是決定先不要開好了。點完機上服務用的飲料數量之後，發現怎麼數量不對，而且每種飲料都少了一半，眼看距離登機時間越來越接近，我只好向座艙長求救，告訴她飲料數量少了一半。

　　座艙長一聽到，馬上指著貼了封條的那台餐車，問我這台餐車裡裝的是什麼，我據實回答，因為餐車貼了封條，所以我不敢打開。

　　座艙長一聽，對著我又好氣又好笑的說：「學妹，飛機上的

餐車都是機上服務用品，這封條，是餐廚裝載完畢之後貼的，我們是使用者，不開怎麼用啊？快打開，看看另外一半的飲料是不是在這台餐車裡。」

得到座艙長的許可，打開了這台餐車，天啊，另外一半的飲料真的都放在這裡面耶。我永遠記得那座艙長翻的白眼，跟剛剛晶晶的白眼一模一樣。回想起來，自己都覺得好笑，不知道多年以後，當這位學妹回想今天發生的事，會不會也跟我一樣，覺得當時真的好蠢喔！

緊急裝備考試，學姐也崩潰

每家航空公司都有間教室，在這間教室裡，陳列著所有飛機上的緊急裝備，當飛機上的緊急裝備多達十幾種，這也表示，在這個科目裡，每位新進空服員所要接受的訓練及考試也是十幾項。

這些緊急裝備，有的是航空公司特別採購的，有的是從飛機上卸下來過期或損壞的，雖然大多數是已經被使用過了的示範品，但對於負責訓練的講師來說，這些都是珍貴不已的寶藏。

有一天，我接到一位機務同仁的電話，他告訴我，有一個防煙面罩要淘汰了，外殼有點破損，但功能應該正常，如果訓練科需要，他可以提供給訓練科教學用。我一聽，真是喜出望外，之

前，我們都是看影片，學習防煙面罩的使用方法，從來沒有機會可以實際操作。

　　我喜孜孜的告訴晶晶這個消息：「學姐學姐，我得到一個要汰舊但功能正常的防煙面罩耶，正好可以讓妳在上課時，在學員面前，真人示範一次。」

　　晶晶聽到我這麼說，也開心的說：「真的是太好了，這一期的學員真的很幸運，可以親眼目睹防煙面罩的使用過程。」

　　上課當天一大早，我帶著學員們從未見過的燦爛笑容，走進訓練教室，拿著手上拎著這好不容易到手的寶貝，向大家炫耀著：「各位同學，待會上課的時候，晶晶學姐會親自示範防煙面罩的使用方法。」

　　「大家非常幸運，可以親眼看到防煙面罩的使用方法，等一下學姐示範的時候，一定要特別專心。」，學員們沒有特別的反應，我想，他們大概不了解這是多麼千載難逢的機會。

　　開始上課後，晶晶打開了放置防煙面罩的透明塑膠盒，向學員仔細介紹防煙面罩的檢查方式、使用方法，以及使用完畢後的注意事項。

　　「飛機上的防煙面罩是讓空服員在飛機上發生火災時，搭配滅火器的一種裝備，和一般市面上的差別很大，外型有點像是太

防煙面罩　　　　　　必須把長髮全部塞入防　受訓學員認真上課
　　　　　　　　　　煙面罩裡

空人的頭盔，戴上啟動開關後，面罩裡產生的氧氣，可以讓滅火
者呼吸、防止被煙霧嗆傷。」，晶晶邊解釋邊把防煙面罩從塑膠
盒拿出來。

　　「面罩下的布料是防火材質，可以完整覆蓋上半身，穿上之
後，長頭髮的，一定要記得把頭髮全部塞進去。」，晶晶把手中
的面罩拿到每一位學員面前，讓他們近距離的觀看，所有學員也
紛紛拿出手機拍照。介紹完畢之後，晶晶戴上了防煙面罩，啟動
開關，這時，所有學員無不聚精會神的，一秒也捨不得眨眼。

　　很快的，一個星期又過了，緊急裝備的實際操作測試，就要
在星期五早上第一節課登場了，因為測試的項目實在非常多，而
且還要在規定的秒數之內，一字不漏的背誦出口述並操作，依照

晶晶與我的過往經驗，這堂緊急裝備的實際操作考試，如果沒有
重複練習超過上百次，鮮少新進空服員能夠一次全數過關。

　　教室的中間，六張桌子上整齊擺放了所有的緊急裝備，教室
外，則是排成兩列準備進入教室考試的學員，我與晶晶等了快三
分鐘，竟沒半個人影，看來是沒有人敢當衝鋒隊吧？於是，不耐
煩的我走出教室，對著排隊的學員們發出警告：「考試時間只有
四個小時，下午還有其他的課，學姐們沒有時間等各位，今天沒
考完的，就等著被退訓吧！」

　　說完，我隨便指了兩位學員，「你、你，進來考！」。

　　被我點名進來的兩個學員，一個站在晶晶面前，開始進行嬰
兒救生衣的操作測試，而另一名學員則被我指派到滅火裝備這
區。不一會兒，就聽到晶晶對著學員說：「學妹，還好這是個假
娃娃，如果是個真的嬰兒，真不知道會被妳折騰成什麼樣子。」

　　而在我面前的這位學員，因為沒有把頭髮全部塞進防煙面罩
裡，被我下令重考，接下來的幾位學員，也都因為這個原因，在
防煙面罩這個項目敗北。

　　「全部的同學都進來！」，我氣死了。

　　「大家到底有沒有認真上課啊？好不容易得到了一個實品示
範，我還在旁邊把操作過程錄影上傳到群組，為什麼連頭髮要全

部塞進去這個步驟都沒做到？沒有準備好的人就不要進來考試，浪費學姐的時間！」，所有的學員都低著頭，不敢說話。

看我這麼生氣，晶晶一時也不知該說些什麼，為了化解這尷尬的場面，晶晶只好出來打圓場：「學姐也是為了你們好，現在如果讓你們考試輕易過關，將來飛行的時候，不只會讓你們自己陷入危險當中，也會讓乘客陷入更危險的環境。」

晶晶瞄了我一眼，接著說：「好了，只剩下兩個鐘頭了，繼續考試吧，下一個……」

緊急裝備操作測試，崩潰的通常是講師。

空服就該水裡來火裡去的啊

逃生口令＝反射動作

　　一如往常的，晚上七點多了，訓練教室的燈還亮著，我慢慢走上二樓，在我還沒伸手之前，教室的門就自動打開了。「學姐，我們聽到高跟鞋的聲音，就知道是妳！」，維克笑嘻嘻的說。

　　「都快八點了，還在演練？這麼認真？」，一聽我這麼說，教室裡的十幾位學員，個個露出靦腆的微笑，維克調皮的接著說：「我們在等學姐啊。」，這些新進空服員與我，因為這一個多月來的朝夕相處，而產生了一種特別的革命情感，不知道從什麼時候開始，在下課之餘，會跟我相互開起了玩笑。

　　再一個星期就是緊急逃生演練的考核了，而在這段期間，也陸續有學員因為未能通過考試而被退訓，儘管撐下來的其他人再怎麼不捨，在這個時候，也只能先忍著情緒，咬著牙繼續埋首苦讀。

我隨手放下包包，坐在一旁的椅子上，這些新進空服員，有些對著空氣，拿著講義，口中念念有詞、比手畫腳的，反覆背誦著緊急迫降的程序與口令；有些則是幾人一組，模擬演練因飛機鼻輪無法放下、客艙忽然失壓、失火或爆炸等等的狀況，如果把場景拉到大街上，每個人應該被認為是瘋子吧。

低下頭看看手錶，天啊，不知不覺竟然已經九點了，我催促著這些孩子們早點回家休息，一起關上燈，鎖上門，邊走邊聊，閒聊間，我聽見這些學員們在商討著這個星期日打算到公司演練的事。

我驚訝的問維克：「你們星期天要來公司演練緊急逃生？」

「對啊，在外面演練應該會被當瘋子吧。」，維克竟然與我心有戚戚焉。

「好啊，如果你們星期天真的到公司，我就帶蛋糕來探班！」，一聽見我這麼說，所有的學員眼睛都亮了，「學姐，真的嗎？」

「真的啊，順便監督看你們有沒有打混！」，我嘴巴雖然這麼說，但心裡卻是滿滿的感動。

星期天的中午，我帶了提拉米蘇到訓練教室，打開教室的門，我不敢相信我的眼睛，他們果真全員到齊，我把手上的剛買

的探班甜點放在桌上，呼叫著大家休息一下，先來享用飯後甜點，不到五分鐘，甜點已經被一掃而空，看的出來每個人都因為這一小片的提拉米蘇而感到滿足不已。

吃完甜點，這些新進空服員又繼續分組演練，維克忽然走到我面前，要我給予他們一些演練上的建議，我告訴她，空服員對於所有逃生的指令，都要熟悉的像反射動作一樣，「雖然我已經離開前一個航空公司兩年了，但如果要我現在對乘客下達準備防撞姿勢的口令，我還是可以不假思索的講出來。」

「而且，如果在降落的時候，從機長下達指令到落地後、飛機完全停止為止，這中間，至少需要30秒，所以，大家對明天的逃生演練，都要有心理準備，當我們對乘客下達防撞姿勢的口令時，都要用超過十倍的音量，大喊至少30秒，在沒有聽到飛機完全停止的指令前，一刻也不能停止，你們剛剛的音量，太小聲了。」，話說完，我問維克，「要我示範一次獅吼功嗎？」

「好啊，如果學姐願意示範一次，那的真是太好了！」，維克雙手合十，感激的說。

「彎腰抱腿、彎腰抱腿，Bend over hold your legs、Bend over hold your legs；彎腰抱腿、彎腰抱腿，Bend over hold your legs、Bend over hold your legs；彎腰抱腿、彎腰抱腿，Bend over hold your legs、Bend over hold your legs；彎腰抱腿、彎腰抱腿，

Bend over hold your legs、Bend over hold your legs……」，我吼了足足有30秒之久。

所有學員無一不目瞪口呆的看著我，耳膜大概快被我這高分貝的音量給震破了吧，我想，除了「響徹雲霄」這句成語之外，應該沒有其他更貼切的文字可以形容我的獅吼功。在演練時，客艙是安靜無聲的，但想想看，飛機上的環境有多麼吵雜，如果沒有用這種音量對乘客下逃生指令，空服員的聲音一定會被淹沒的，那時，怎麼引導乘客逃生呢？

根據相關研究，飛機在起降時最危險，而降落又比起飛更危險，假如在降落階段發生了緊急狀況，而機長又沒有足夠的時間通知空服員及所有乘客的時候，只會用一句簡單的指令，告訴空服員，必須緊急迫降，所有空服員就會立刻大喊防撞姿勢的口令，讓乘客至少能在飛機碰撞地面時，保護自己，減低傷害。

因此，儘管每家航空公司的逃生指令與口令都不盡相同，但對新進空服員的要求都是一樣的：大聲、清楚。不夠大聲，Fail！；沒有熟悉到像反射動作，也Fail！

這些學員在訓練教室裡的雞貓子喊叫，並不單單只為了應付隔天的考試，而是為了對自己的工作負責，雖然現在的過程非常艱辛，但有朝一日，當他們再回過頭看看當年的自己，相信也會和我一樣，對自己的成長，感到驕傲。

能上滑梯也要下的來

　　星期一早上六點五十分，所有學員們已經全部準時抵達公司門口，準備一起搭車前往位於桃園機場附近的模擬訓練中心。無論對學員或講師，此刻的心情都好比即將戰場的官兵們，只許成功，不許失敗。

　　抵達後，晶晶與其他三位講師帶領著所有學員換上工作服，進了模擬艙之後，沒有一個人敢出聲，晶晶照慣例開始講解考試規則：

　　「一、考試開始時，請把自己的考核表交給講師，每位講師都會根據考核表上的每個項目，確認各位有沒有做到每個程序，請把演練當作真正的緊急情況，不要嘻笑，只要發出笑聲，就退訓！」

　　「二、待會在陸上逃生演練時，每個人都要練習跳下逃生滑梯，請特別注意跳下時的姿勢，不要受傷。不敢跳的，也退訓！如果我們都不敢跳了，如何協助乘客？」

　　根據法規[2]，緊急撤離逃生的演練必須於90秒內完成，才算合格。考試前一天，晶晶將所有新進空服員隨機分配，三人一

---

[2] 民用航空運輸業管理規則第一百九十一條　緊急撤離演練應符合下列規定：
　　一、載客座位數超過四十四座之航空器，應在九十秒鐘內完成。

組。在考試當天，到了模擬客艙之後，才會以抽籤的方式，決定每組所面臨的緊急狀況。隨著科技的演進，訓練設施可提供的功能越來越多、越來越進步，在模擬艙裡，只要按下按鍵，煙霧就會自動冒出、氧氣面罩就會自動落下、整個模擬艙還會像地震一樣震動，讓學員猶如身處在真實的情境中。

在模擬艙內，大家都緊張的說不出話，手中還拿著講義，做最後的複習。

「講義通通收起來。」，晶晶下了最後通牒，表示第一組的演練即將開始。

第一組抽到的情境題是：

下午17：09時，由桃園國際機場起飛，目的地為日本東京成田機場，飛行高度至36,000呎時，氧氣面罩忽然全部掉下。

第一組的學員站起來，開始模擬準備餐點服務，過了一會兒，扮演機長角色的晶晶，按下了氧氣面罩的操作按鈕，這時大家聽到崩的一聲，客艙的氧氣面罩便全掉下來，考試的學員立刻就近找空位坐下，繫緊安全帶、拉下並戴好氧氣面罩，同時向乘客奮力的大喊著指令，學員們前一天的練習，沒有白費，他們的反應以及整齊劃一的指令，讓晶晶眼睛為之一亮。

接下來，晶晶廣播著：「各位貴賓，這是機長報告，現在已

空姐飛常不簡單
我的空服生涯全紀錄

經在一萬呎的高度以下，不需要使用氧氣，因為機械問題，我們要返回桃園機場。」

　　接收到晶晶的指令後，學員們開始依照上課時所教的標準程序，進行客艙內的巡視及檢查，而每位講師也跟在三位學員身後，拿著考核表，確認學員的每個動作。

　　晶晶再度透過廣播，告訴學員，飛機沒有特別的狀況，不用撤離逃生，再十分鐘就要落地了，但是桃園機場的風速很大，請大家盡快做好降落前的準備，然後就座。

　　第一組的學員們一聽到「不用撤離逃生」時，心中的大石終於落下了，做完降落前的檢查之後，趕緊回到自己的位置坐下。接下來的一陣寂靜，讓第一組的學員開始有些心慌，果然，晶晶下達了防撞姿勢的口令，這三名學員一聽到機長下達的口令，又馬上對著乘客吶喊著防撞姿勢的指令，用盡全身的力氣，不間斷地喊了30秒。

　　晶晶鬆開按鈕，模擬艙停止了搖晃，在飛機完全停止之後，大魔王晶晶所扮演的機長，竟然再度下達了要所有乘客撤離逃生的指令，於是，學員們打開了機門，逃生滑梯瞬間充氣了，扮演乘客的所有學員就在第一組考試學員的指揮下，一個一個的跳下滑梯，在確認模擬艙裡都沒有人了之後，最後跳下滑梯，成功的在90秒內全部完成撤離。

受訓學員跳下滑梯

　　很慶幸的，這一期新進空服員並沒有發生不敢跳下滑梯而被退訓的事件，大多數人一定都認為，這不就跟小時候在公園裡溜滑梯一樣嗎？但連接在飛機上的滑梯，大約兩層樓高，第一次由上往下看，心裡真的會有那麼一點點恐懼感。因此，為了學員們的安全，以及降低恐懼感，在模擬演練開始前，講師都會先示範一次，並且也會讓每位學員練習幾次正確跳下逃生滑梯的姿勢。

飛機一關了門，起飛之後，任何狀況都可能發生，而每一次的落地，都存在著不可預期的風險，如同晶晶不按牌理出牌的訓練方式，都是為了測試新進空服員的臨場反應，天有不測風雲，飛機上發生的緊急狀況又怎麼可能跟著逃生演練的劇本走呢？對

我的飛鷹與名牌

於這些學員而言，這一課，學習到的不只是逃生的知識，而是領悟了，唯有充分的準備與反覆的演練，才能面對各種危機應變，也才有資格在制服上別上空勤人員專屬的飛鷹。

寒冬裡的落湯雞

結束了在模擬客艙的逃生演練之後，所有學員都以最快的速度，換上了泳裝、穿上救生衣，準備模擬水上逃生。偌大的游泳池裡，除了一艘孤零零救生艇，什麼也沒有，這個游泳池，我來過不下數十次，最深的地方，足足有一米八，天花板還有一個超級大花灑，可以模擬下雨的情境。

晶晶一邊向學員講解著登艇的注意事項，一邊還不忘叮嚀著要學員小心濕滑的地板，「待會登上救生艇之後，大家要學習如何搭帳篷，如何收帳篷，之後，都要跳下艇，依照我的指示，手勾手，排成上課時教的英文字母求救訊號，再繞著救生艇，游完

一圈，才能登上救生艇。」

這時已進入冬天，室內氣溫不到二十度，內穿泳裝、外面只套了短袖短褲的學員們，已經開始起雞皮疙瘩了，晶晶一聲令下，學員們一個一個蹲低姿勢、依序登上救生艇，所有學員全數登艇之後，這救生艇的動向就完全操控在泳池工作人員的手中了。

晶晶在泳池邊，拿起了麥克風，對著救生艇的學員們大喊：「現在，救生艇已經脫離飛機了，趕快把救生包從海裡撈起來。」，每個學員都像尋寶似的，往泳池裡撈啊撈的，救生艇也因為有人站起來而開始搖晃。

「注意安全，上課的時候不是告訴大家，在救生艇裡要放低重心嗎？那個誰誰誰，你給我坐下！」，晶晶像個導演似的。

一陣天翻地覆之後，學員們從水裡撈出救生包了，身上的衣服濕了一大半，卻還是像找到寶藏的小朋友，七手八腳、迫不及待地拆開救生包，「把裡面的帳篷包找出來給我看。」，晶晶繼續說，「一個口令、一個動作，搭好帳篷後，沒聽到我說收帳篷前，都不准動，我要看看大家搭的帳篷方向對不對。」

學員們搭好帳篷後，晶晶繞了泳池一圈，審視了這個帳篷，「很好，現在，把帳篷收起來吧。」，收好帳篷後，晶晶要學員

空姐飛常不簡單
我的空服生涯全紀錄

受訓學員在逃生艇上搭起帳篷

們練習清點求生包裡的物品，再一件一件的回報、說明使用方法。

在晶晶的一聲口令下，所有學員又一個一個的沿著救生艇的邊，慢慢跳入水中。為了要模擬真實的海上情境，因此，一年三百六十五天，這泳池的水，都是冷水，即使在寒流來襲的冬天，也只有認命下水的分。

接下來，學員們也依照晶晶的指示，在水中排出了 V^3、X^4、N^5、Y^6、及 $\uparrow^7$ 的人形符號，才能讓天空中搜救的飛機能看見大海裡的求生者。之後，在冷水裡待超過二十分鐘的學員們，才能繞著救生艇遊一圈，再爬上救生艇，等所有人都爬上救生艇之後，還要一個個的報數，練習如何清點人數。

每個人都又濕又冷、狼狽不堪，就當所有學員以為訓練已經結束的時候，超級大花灑竟然下起雨來了，大家抱著頭無處可躲，晶晶則在泳池邊大叫：「天降甘霖了，還不快想辦法收集雨水！別忘了，現在可是在海上，海水可是不能喝的！」，顧不得傾盆大雨，所有學員手忙腳亂的拿起在救生艇上的集水容器，收集這「甘霖」。

上岸後，每個人都像落湯雞似的，頭髮散亂、妝也花了，氣喘吁吁的好像真的經歷過一場海上浩劫，為了怕學員們感冒，晶晶催促著大家趕緊去更換衣服，順便沖個熱水澡。每個人都如釋重負的脫下救生衣，快速衝向淋浴間，晶晶在後頭，還是沒忘叮嚀學員：「地板濕滑，別用跑的，小心別跌倒了！」

---

[3] V: Require assistance (需要協助)

[4] X: Require medical assistance (需要醫療協助)

[5] N: No or negative (答案是否定的)

[6] Y: Yes or affirmative (答案是肯定的)

[7] ↑: Proceeding in this direction (往箭頭所指的方向前進)

Chapter 1　空服員的專業是什麼？

除了新進空服員必須進行水上逃生的訓練之外，現役的空服員也要每兩年進行一次水上逃生訓練，遇到夏天，算運氣好，如果遇到冬天，也只能硬著頭皮下水。除了海上求生之外，空服員還要學習雪地求生、叢林求生的相關知識，因為，飛機發生緊急狀況時，都有可能迫降在任何意想不到的地方。

在每個航班中，客艙裡就只有一位Leader-座艙長，但若是在海上求生時，每位空服員無論資深資淺，都要擔任起各艘救生

受訓學員在水中排成字樣X

艇裡Leader的角色，因為，只有我們受過專業的訓練，也只有我們清楚救生艇上有哪些可用的資源，在哪裡？怎麼用？

而水上逃生，著重的，不僅僅只是裝備使用的訓練，更重要的是，如何靠著自己所受過的訓練，在救生艇中，讓乘客信任自己、聽從自己的指令、安撫乘客的情緒，在最短的時間內，指派乘客們，成為一個有組織、彼此分工合作的團體。

訓練，讓我們更有勇氣，面對每一趟飛行任務。

打火英雄實戰錄

模擬訓練，還沒結束，這一天的行程非常緊湊，在學員們火速般的簡單盥洗之後，晶晶繼續帶著一群人浩浩蕩蕩的往滅火教室出發。到了滅火教室，晶晶詳細的介紹裡面的設施，有模擬的廚房、廁所，以及大約五排座椅的客艙。

介紹完設施之後，晶晶宣布了待會考試的規則：「跟逃生演練一樣，等到考試開始時，我才會告訴各組，哪裡發生火災，聽到我的指示之後，就開始各自動作，自己該做什麼事，自己清楚吧！為了公平起見，這次，從最後一組開始演練。」

所有的滅火裝備都依照飛機上的位置擺放，這組學員走了出來，不斷回頭看著每項滅火裝備，每個人都緊張不已，因為不知

道等一下火苗會從哪裡竄出來，這時，晶晶慢慢的走到一位學員身旁，對他下了指令：「你現在看到廚房的烤箱裡，冒出陣陣了濃煙，該怎麼辦？」

一位學員立刻快速的拿取滅火裝備，一邊準備滅火，一邊告訴身旁的同學，趕緊通報機長，第三位學員則分發濕紙巾給所有乘客。

負責滅火的學員迅速帶上防煙面罩，將烤箱的門微微打開一個縫，拿起了滅火器朝烤箱裡噴灑，火熄滅了之後，脫下防煙面罩的學員，像個瘋子一樣、頭髮散亂，氣喘吁吁的向晶晶報告：「學……學姐，廚……廚房裡……烤箱……的火……火已經……已經熄滅了，我……我會……持續觀察。」

「很好」，晶晶點點頭，在考核表上打了「Pass」，交給這組學員。拿到考核表的學員，雙手顫抖著，激動的都快哭了，而其他的學員也紛紛豎起了大拇指，給自己的同學最誠摯的鼓勵。

陸陸續續的，所有的學員都完成了滅火的模擬訓練，有的面對的是廁所的火災、有的是駕駛艙失火，另外還有人遇到的是，客艙內座位上方的置物箱與天花板間的縫隙間，飄出了淡淡的白煙，卻找不到火源。這些情境模擬，都是真實發生過的飛安事件。

一整天的演練下來，大家都累癱了，從桃園的訓練中心回台北的路上，不只學員，連晶晶與其他講師們，在車上都禁不住周公的招喚，呼呼大睡。

　　回到台北的訓練教室，天都黑了，晶晶與每位講師，照慣例的對每組的表現進行討論，在一整天腎上腺素瞬間飆高後，學員們普遍呈現呆滯的神情，聲音，也因為極度大聲的嘶吼，幾乎都沙啞了。

　　「各位同學，聽說昨天大家還來公司演練是吧？」，學員們紛紛點頭如搗蒜，「我覺得各位表現得非常好，出乎我意料中得好。」，晶晶說道。

　　一聽到晶晶這麼說，每位學員都不可置信的張大了嘴，能從晶晶的口中聽到讚美，簡直比天籟還悅耳。

　　停頓了一下，晶晶繼續說：「當然，在演練的過程中，還是有些可以再進步的空間，不過，我感覺每一組對逃生的程序、動作都非常熟悉，逃生指令也非常清楚、大聲，大聲到連訓練中心其他航空公司的學員都被你們嚇到了。」

　　這倒是真的，當時也有好幾家航空公司在其他教室進行訓練，在演練的時候，我注意到，其他航空公司的學員都跑來偷看，想知道這天崩地裂的吶喊聲，到底從何而來，不只如此，連

訓練中心的工作人員，都對晶晶嚴厲的程度，留下了深刻的印象。

最後，晶晶說：「這都是各位靠自己的努力與付出得來的，希望各位可以永遠記得，空服員存在於飛機上的價值是什麼。當然，我們希望今天所做的演練永遠都不要派上用場，但如果真的遇到了，請各位一定要保持冷靜與鎮定。記住，先保護自己，才能協助乘客，懂嗎？」

這一刻，無須言語，學員們用堅定的眼神回應了晶晶，看著這些疲憊不已的身軀，我想，對這些學員而言，所有的辛苦，都值得了。希望他們永遠不要忘記這一天，在即將到來的空中訓練，也用同樣的態度，準備每一次考核，展翅高飛。

 地面訓練結案報告

報到人數：24名
訓練人數：24名
完成訓練人數：20名

.Chapter.

2

準備起飛

Ready for Take off!

地面訓練結束後，新進空服員就要開始空中訓練了，所有學員穿上制服，別上見習員的免死金牌，將地面訓練的理論，實際運用到飛行中，當然，有些狀況最好不要用到。

空中訓練包含了一次的體驗飛行、三次的訓練考核，以及最後一次的訓練考試。在三次的訓練考核裡，每一次的訓練考核，座艙長都會對實習空服員的表現打分數，總成績低於80分，就算Fail，必須重新訓練一次，通過了，才能繼續進行下一次的訓練考核，如果沒通過，就會被退訓。

空中訓練最後一次考試，一樣只有兩次機會，過了，就可以成為一位合格的空服員，如果兩次都失敗，也會被退訓。

對於實習空服員來說，空中訓練與地面訓練是全然不同的挑戰，在地面，一切都是模擬的狀況，錯了，可以重考；但空訓，一切都是來真的，沒有機會重新再來一次，這也就是地面訓練所有安全類科目及格分數都必須滿分的原因。

如果以蓋房子來比喻新進空服員的養成訓練，地面就好比打地基的步驟，地基打的穩固，才能一層層繼續往上蓋，否則，一遇到強震，房子就會瞬間坍崩。

如果有登山經驗的朋友，都聽過因為環境氣壓下降，空氣稀薄，而發生高山症的例子吧？而在飛機上的高空環境，大約是身

處在聖母峰的高度，生理因素，也是新進空服員在空訓時所要面
對的挑戰之一。

小時候胖不是胖

吃暈機藥的空服員

跟許多人相比，我選擇當空服員的原因十分無趣，沒有懷抱旅遊世界的夢想，也不是因為喜歡接觸人群，純粹只是因為知道自己從小就坐不住，不適合那種坐在辦公室、每天對著電腦的工作。

小學到高中，懶惰的我，不是把所有課本全都放進書包裡，不然就是偷偷放在教室的抽屜裡，不但從來沒有整理過書包，更誇張的是，常常連枝筆都沒有，我常常想，能夠大學畢業，應該是上輩子燒了什麼好香吧！

大四下學期的某一天，看見華航招考空服員的消息，上面還特別註明，應屆畢業生亦可參加考試，唯報到時，需繳交畢業證書。於是，我跟著班上其他同學一起報考，在沒有特別準備的情況下，就幸運的考上了。這對許多嚮往空服工作的人而言，還沒畢業前，就已經接獲錄取通知，是一件多麼令人羨慕的事啊！

　　老實說，從小到大，念書，對我來說，不是一件困難的事，進入航空公司之後，地面訓練的考試，也都輕鬆過關，看似一切順遂的空服之路，沒想到在第一次空中訓練時，竟然發生了誰都沒想過的事：暈機。

　　說也奇怪，在這之前，我搭過好幾次的飛機出國旅遊，從沒發生過暈機的情況，可是，不知道為什麼，飛機關了門之後，噁心的感覺就開始出現了，我忍著一陣陣噁心的感覺，做完安全示範，在起飛前，回到組員座椅上坐下，我告訴自己，應該是緊張吧，對，一定是我太緊張了，要不然就是我早餐吃太多了，深呼吸、深呼吸、深呼吸，等一下這噁心的感覺馬上就會不見了。

　　飛機起飛後，客艙內的空氣瞬間變得涼爽了起來，那噁心的感覺好像也不見了，我開始跟著學姐們忙進忙出，準備發餐。正當我發了幾排之後，天啊，那噁心的感覺又來了，我試著吞了幾次口水，忍住好幾次快到喉頭的嘔吐感，可是，胃裡面還未消化完的食物，還是像煮沸的火鍋一樣，咕嚕咕嚕的逆流而上。

　　這一波，來的又凶又猛，我心想，總不能吐在乘客的餐上吧，正當我摀住嘴巴，想要告訴站在餐車對面的學姐，我快不行了的時候，卻怎麼也開不了口，因為，嘔吐物已經滲出我右手的指縫了，情急之下，我只能用左手再遮住右手，免得乘客看到這噁心的一幕。

圖片為吳哥航空租借遠東航空飛機，飛機塗裝為吳哥航空，攝於柬埔寨吳哥窟。

　　這時，學姐才發現了我的不對勁，急忙的點點頭，示意要我離開，我給了學姐一個感激的眼神，低著頭，快步走進廁所，還來不及脫下圍裙，一關上門，轉過身，就對著馬桶，大吐特吐。在接下來的航程中，我什麼也吃不下，腦袋昏昏沉沉的，心想，怎麼可能？我怎麼可能會暈機？沒關係，頂多下次不吃早餐了，一定沒問題。

　　沒想到，不吃早餐，結果更慘，第二次的空中訓練，我吐的全是胃酸。之後，雖然我還是通過了四次的空中訓練及考核，但每一次的飛行任務，都在嘔吐中度過，身體的不適，讓我選擇了離職，賠償了十幾萬的訓練費用。

　　也許當一個空服員本來就不是我的夢想，所以離開航空公司，也沒有多麼難過，只是，在銀行當了半年的電話客服之後，一成不變的上班族生活，開始讓我覺得煩悶。

　　就在這個時候，我看見遠東航空招考空服員的消息，自作聰明的我，心裡盤算著，遠東航空以國內線為主，飛行時間較短，應該不會暈機吧！於是，我又報名了，這次，我還是順利的考上，成為遠東航空公司第38期的空服員。

　　沒想到，我實在太天真了，在空訓時，暈機嘔吐的慘事又再度重演，因為國內線的飛行高度較低，氣流較不穩定，再加上頻繁的起降次數，讓我吐的更慘！第二次空中訓練，就是紮紮實實的十個落地，我從第一個落地一路吐到最後一個落地，飛到哪裡就吐到哪裡，吐到連每一趟的目的地都搞不清楚了。

　　每一次落地，坐在組員座椅上，我心裡都在想著，天啊，我到底要吐到什麼時候啊？我要離職、我要離職、我一定要離職！我把我的狀況告訴我的一位好友，告訴她，我吐的有多慘、我有多痛苦，她聽完之後，只問了我一句：「妳還有臉再拿妳爸媽的

錢賠訓練費用嗎？」，這句話打醒了我。是啊，我已經賠了一次，哪還有臉讓爸媽再幫我賠一次呢？

「撐一撐吧，暈機的情況一定會改善的。」，她說。

「是啊，就只能硬撐了，可是，我什麼方法都試過了啊，在肚臍上擦萬金油、貼針灸貼片、還有什麼虎口穴道按摩，全都沒用，每趟落地後都直奔廁所狂吐，也不是辦法啊！」我無奈地說。

「啊，對了，我想到了，飛機上的急救箱都有暈機藥啊，上課的時候，醫生說過，只要在上飛機前一小時吃暈機藥，就不會吐了！」，一聽我這麼說，她驚訝的瞪大了眼睛。

「太誇張了吧，哪有空服員吃暈機藥上班的啊？」

當時的我，哪管她三七二十一的，只要讓我不吐，什麼方法我願意試。於是，我跑到了藥局，買了暈機藥，吃了整整一個月。直到有一次下班之後，我才發現，我竟然忘了吃暈機藥，而且，我並沒有吐。隔天，我鼓起勇氣，不吃暈機藥上班，一整天，我都處於神經兮兮的狀態，一遇到亂流，就開始擔心自己會不會想吐。沒想到，飛了六個地的國內線，一點不舒服或頭暈的感覺都沒有，我的暈機病竟然好了，而且，從那次之後，我再也不會暈機了！

體驗飛行的意外小插曲

　　進行空中訓練之前，訓練科都會安排每位新進空服員一次「體驗飛行」，以乘客的身分，觀察飛機上的作業流程。雖然整趟航程都坐在乘客的座位上，但報到的時間、執勤時的服裝與應攜帶的裝備、規定與現役空服員相同，少了一樣，就不能上飛機。

　　為了讓學員有充分的時間了解實際的工作流程，通常都會安排三個小時以上的航程，由每位講師帶領三到四名的學員，在旁講解從報到至報離的每個工作環節。

　　凱倫是一位擁有英文碩士學歷的高材生，光是學歷這一點，在第一天就引起大家的注意，沒想到在自我介紹時，她的興趣，又讓大家吃了好大一驚，沒人想的到她的興趣專長竟然是鋼管舞。

　　在地面訓練期間，凱倫沒有任何一科需要補考，每一科學科，都在第一次考試時，滿分通過，沒想到，在我帶著她與其他兩名學員體驗飛行時，竟出現了一段意外的小插曲。

　　我提醒這三位組員，前一天一定要把所有規定攜帶的裝備檢查一次、晚上早點休息，因為充足的睡眠是非常重要的，而且務必在報到前30分鐘抵達機場，以免找不到報到的地點而慌亂。

報到之後，一切都順利進行，沒有人遲到，也沒有人裝備不全。參與了任務簡報之後，我們隨著這組空服員，一起往登機門走去。我與凱倫走在隊伍的最後面，我問她：「第一次穿著制服，拉著行李箱，走在機場裡的感覺如何？」

　　她說：「跟之前出國旅行時不太一樣，很開心，但又有點緊張。」，還問我是不是自己的臉上長了什麼東西，怎麼覺得好像每個人一直盯著自己看。

　　我告訴她，因為一般人都對穿著制服的空服員感到好奇，以後就會習慣了。但只要一穿上制服，就代表公司，每個人都會用放大鏡檢視妳，所以無論身在何處，要特別注意自己的言行舉止。

　　「不過，以後妳就會發現，等到下班後，脫下制服，肩膀頓時都會變得好輕鬆，穿著制服跟平時的自己，心情差別很大。」，我說。

　　這是新進空服員第三次上飛機，前兩次都是因為地面訓練的實機訓練，飛機上除了學員之外，沒有任何人。但這次不同，這架飛機上可是有空勤組員以及待會要登機的乘客，為了不妨礙這個航班的空服員工作，我們盡量保持一公尺的距離，以免造成他們學長姐的工作困擾。

　　「對我而言，這也算是多年飛行的某種工作心得吧。」，我忽然很有感觸的說。

　　「學姐，什麼意思啊？」，三位學員都不太懂我這句話。

　　「除了基本的飛行安全訓練之外，還要學會察言觀色，做個貼心的人，才能當一位稱職的空服員。如果在忙著登機準備的時候，有好幾雙眼睛看著你，還在旁邊礙手礙腳的，不免也會覺得煩躁，要隨時站在別人的角度想，才能做好服務。」，這時，機長用廣播通知，準備登機。我帶著他們，往機尾方向走，在機尾的廚房裡，可以清楚的看見乘客登機的狀況。

　　所有乘客登機完畢，一切就緒後，飛機順利起飛了，三位學員一刻也不停的勤奮做著筆記，深怕遺漏任何一個細節。

　　就當乘客用完餐後，凱倫忽然告訴我：「學姐，我的身體有點不舒服，好像快暈倒了。」

　　我趕緊要她坐下休息，回到座位上的凱倫，臉色發白，全身發抖，不停的冒冷汗，雙手僵直的像老巫婆的十隻手指頭，飛機上的空服員也急忙的為凱倫倒溫水，試圖減緩她的不滴。

　　「凱倫，除了頭暈之外，還有其他地方不舒服嗎？肚子會不會痛？是不是生理期來了？有沒有呼吸困難的感覺？」，我看著凱倫毫無血色的嘴唇，擔心的問著她。

凱倫做了幾次深呼吸，搖搖頭，回答我：「學姐，現在好多了，不知道是不是艙壓的問題，剛剛真的眼前一片黑，我以為自己要暈倒了。」

「好多了就好，這樣吧，妳先坐著休息好了，等到自己覺得可以了，再起來，我先帶其他同學繼續看完廚房裡的裝載，如果又頭暈，記得馬上通知我。」，凱倫喝了幾口溫水，點點頭。

十分鐘後，凱倫的情況恢復正常，危機解除，大家也安心了。幸好，凱倫這個狀況只有發生在體驗飛行這一次，對她之後的訓練考核也沒有影響。

有些新進空服員，在地面訓練的表現非常好，但上了飛機，也有可能因為身體不適應高空的環境，而在空中訓練時失常，甚至自己申請退訓的。相反的，有些新進空服員在地面訓練的表現平平，但上了飛機，完全沒有任何不適應的狀況發生。不禁讓我感嘆，要吃空服這行飯，還得要老天賞臉啊！

魔鬼也有菩薩心腸

在公司的空服圈，流傳著一句經典語錄：鬼不可怕，學姐比鬼還可怕。

每期新進空服員要開始空訓之前，都會到處打聽每位座艙長

空姐飛常不簡單
我的空服生涯全紀錄

的「名聲」，例如：哪個座艙長特別嚴格、哪個座艙長是天使、跟A座艙長要特別注意什麼、B座艙長都會問些什麼問題……甚至還有十大惡人排行榜。

而關於新進空服員的各種傳言，也在同時間漸漸蔓延，例如：某某某很油條、某某某超會巴結學姐、或是某某某抱怨了哪個學姐，學姐下了封殺令……，形成了一種很有趣的對照。

除了體驗飛行會特別安排飛行時間較長的航線外，空訓考核及最後的期末考，不會刻意安排航線，考核者也不僅限於幫他們上過課的講師，對新進空服員來說，班表就像命運的大輪盤，不管轉盤停在到哪條航線、跟哪個座艙長飛，都是命運的安排。

寫到這裡，我忽然想起我的空訓過程，最後一次飛行考試之前，就有同一期受訓的同學警告我，雖然我的考官沒在十大惡人的排行榜裡，但卻是出了名的冷酷無情，只要她問的問題有兩題以上沒答對，一律Fail！囑咐我一定要小心這位魔鬼學姐。

考試的前一個晚上，我把整本手冊拿出來複習了好幾遍，睡前，還把它放在我的枕頭下面，幻想著整本書裡的文字可以在睡夢中，全部複製到我的大腦裡。

那是一個三趟國內線的任務，一趟台北、高雄，兩趟台北、台東。同學的警告果然沒錯，那位學姐幾乎把整本手冊都問光

了，還好，前一晚我有認真複習，學姐問的問題，我都一一答對。

台北、高雄，台北、台東，飛行時間都是50分鐘，不會讓我這個菜鳥手忙腳亂，飛到最後一趟，抵達台東，我還攙扶著一位需要輪椅的阿媽走下梯子，阿媽坐上輪椅前，還一直謝謝我，誇讚我乖巧，我整顆心都飛了起來，心想，我的表現還真不錯，應該可以過關了吧！

向阿媽揮揮手說再見之後，我踩著輕快的腳步，準備再回到飛機上。誰知道一轉頭，悲劇竟然發生了，我看見學姐攙扶著另一位阿媽走下梯子，頓時背脊發涼，我這時才想起來，完了，這位阿媽是在飛行途中，才告訴我需要輪椅，而我，徹底的忘了這檔事。

回到飛機上，學姐開始發飆，質問：「阿媽說，她在飛機上有跟一位小姐說等一下到台東，她要輪椅，是誰忘了告訴我！」

我立刻舉手向學姐認錯，「學姐，對不起，阿媽是跟我說的，我忘了告訴妳，妳懲罰我吧。」

學姐愣了一下，用斜眼瞄了我，聲音也低了、小了：「算了，事情發生就發生了，阿媽年紀這麼大，還要在大太陽底下等五分鐘的輪椅，以後一定要記得乘客交代妳的，知道嗎？」，原

來，學姐不是因為我犯錯而生氣，而是心疼阿媽。

下班回到辦公室報到後，學姐把考核表交給我，要我自己看看結果。沒想到，傳說中的魔鬼學姐竟然讓我過關了！我納悶的問學姐，我犯了這麼大的一個錯誤，為什麼還可以通過考試？

學姐說：「誰不會犯錯？只要不是故意犯錯，而且勇於認錯，還是有被原諒的機會，最可怕的是，為了掩飾錯誤而撒謊。」

是啊，說了一個謊，之後就要用更多的謊言來圓第一個謊。學會勇於認錯，在事情發生時，先解決、再檢討，是我在這次考試時，所獲得最大的收益。

最後，學姐說：「在空訓期間，大家都會包容妳犯的小錯，但一旦通過了考試，妳就要卸下見習員的免死金牌，沒有任何特殊禮遇了。成為一個正式的空服員之後，不管年資深淺，所有人就會用相同的標準審視妳。這才是從事這份工作的真正開始。」

事隔多年，如今，學姐最後對我說的那段話，也成為我對每一位通過考試的新進空服員最後的告誡。

空中訓練結案報告

訓練人數：20名

完成訓練人數：19名

未完成訓練原因：第三次考核未通過，重新考核，仍未通過，故予以退訓。

空姐飛常不簡單
我的空服生涯全紀錄

廣播、廣播、廣播很重要，所以要說三次！

猴子與狗有什麼不同

　　廣播詞是我當上講師後，負責教授的第一門課程，老實說，我不太喜歡教這門課，因為不在安全類的科目之列，所以大部分新進空服員在上課時，常常心不在焉，甚至還有學員在上課時不小心睡著。

　　為了提高學員的注意力，有一天，我突發奇想，示範念了一段之後，冷不防地把手上的麥克風遞到一位學妹面前，告訴她：「接下來換妳唸。」

　　學妹被我突如其來的這一招，嚇的吱吱唔唔的說：「學⋯⋯學姐⋯⋯，我不敢啦⋯⋯」

　　「什麼不敢？現在還在教室，都是自己的同學，都不敢拿麥克風了，那以後上飛機，面對的是整架飛機的乘客，妳怎麼辦？」，我問她。

「別以為我在開玩笑，接下來，每個人都要拿著麥克風念，現在不練習，難道要等到以後上飛機才練習嗎？現在丟臉，總比將來在飛機上丟臉好吧！」，大家聽我這麼說，就算有千百個不敢，也只能拿起麥克風開始唸起廣播詞。從此，這招，便成了我之後教廣播詞的老招數。

廣播詞雖然不是安全類科目，但所有乘客都是透過機上廣播得知所有訊息，如果機上廣播做的二二六六，不僅無法正確傳遞訊息，還有可能因為說錯班機號碼、目的地，引來乘客一陣恐慌，或者因為發音不正確，而貽笑大方。

中文、英文廣播詞之後，就是台語廣播詞了。根據我的經驗，大多數新進空服員的中文、英文都沒有問題，頂多只需要糾正幾個字的發音、或順順口條即可，但台語廣播詞卻讓許多人都頭痛，例如之前提過的曉妮。有時候，為了某一個字，要糾正十幾次，才能讓學員的發音正確。

在曉妮地面訓練快結束時，除了她，班上還有四位學員沒通過台語廣播詞的測試，眼看結訓的日子一天天逼近，我只好請這五位學員，每天中午與我一起「午餐約會」，一邊吃著便當，一邊糾正發音。這午餐約會的成果，還算不錯，大家終於分得清楚「機長」跟「機場」怎麼念了。

那一天，輪到曉妮測試的時候，午休的時間只剩下一分鐘，

所以我請她下課之後到辦公室找我考試。空服部門的辦公室裡，都是平常學員們不熟悉的地勤人員，曉妮進門之後，看見一張張陌生的臉孔，就開始緊張起來了，說話像個機器人似的，更貼切一點的說法，像壞掉的唱盤，用慢速度播放著的歌曲。

「好了好了，我聽不下去了，妳還是明天再考吧。」，我對著曉妮說。

「學姐，拜託啦，妳讓我考完啦，我真的準備很久。」，曉妮懇求著說。

「曉妮，雖然妳進步很多，但是從妳嘴巴裡說出來的，根本就不是廣播詞，反而像是教學示範，沒有人一個字、一個字，這樣念廣播詞的吧？」，我問她。

我看著杵在面前，不知道該怎麼辦的曉妮，一時也想不出什麼可以改善的方法。

「這樣好了，妳先回家，晚上練習的時候，錄音下來，用Line傳給我，聽完明天再說。」，下班後的時間寶貴，我只好出此下策。

還沒回到家，曉妮就傳來了第一篇台語廣播詞，我坐在捷運上，戴上耳機，聽完之後，寫下了：發音都正確，但妳的速度還是太慢，試著加快一倍，再錄一段傳給我。

曉妮又重新錄了一段，「這次好很多，就照著這個速度，繼續錄下一篇落地後的廣播詞」，我寫下這幾個字回傳。

　　五分鐘後，手機的Line又響了，耳機裡傳來的第一句話，讓我不得不立刻按下了暫停鍵：「各位貴賓，咱已經ㄍㄠˊ桃園國際機場⋯⋯」

　　我又快速的回傳：「不是猴子，是狗。」

　　曉妮不解的回了我三個問號，我只好按下錄音鍵，把手機靠近嘴邊，小聲的說：「台語的『到了』，跟狗的發音一樣，四聲ㄍㄠˋ。ㄍㄠˊ，是猴子。第一句再重新錄一次。」

　　「學姐，妳的聲音太小，我聽不清楚。」，看著曉妮的Line，我忘了自己在捷運上，對著手機大聲的說：「各位貴賓，咱已經ㄍㄠˋ桃園國際機場，ㄍㄠˋ，四聲告，這樣清楚嗎？」，話一說完，捷運上每個人紛紛看著我。

　　好險，再過一站就到家了，到了家之後，我跟曉妮又繼續開始台語廣播詞線上教學，就這樣，透過Line，一句一句的來回糾正，隔天，曉妮終於通過了台語廣播詞的測試。

我不是凶，我只是嚴格

　　粹華，是我的一位國中死黨，在我寫這本書的時候，常常拿

作者在飛機上做廣播的側影

著寫好的文章，讓她先讀讀看，再給我一些意見。聊著聊著，我忽然想起來另一次難忘的教學經驗。

　　我告訴她，有一次，當我一踏進教室的時候，每位學員的臉色都略顯沉重，開始上課後，發現沒幾個人專心，每個人的桌上，除了廣播詞之外，還擺了許多講義。我想，應該是下午要考試吧，於是，我停頓了一下，問學員們是不是有考試。

大家異口同聲回答我：「有，要考民航法規。」

我又接著問：「那麼，有誰能告訴我，現在這堂課的名稱是什麼？」

「廣播詞……」，學員們心虛的回答。

我臉色一沉，嚴肅的說道：「很好，既然大家都知道這堂課是廣播詞，那麼為什麼都在看其他課的講義呢？從現在開始，如果再讓我看到除了廣播詞手之外的講義或筆記，下一堂課就調成民航法規的考試。」，學員們一聽到我這麼說，每個人都嚇的立刻把其他講義收起來了。

粹華聽我說完這個故事，立刻取笑我，說我真的好凶喔，一定是學妹眼中的K姐。為了洗清我的冤屈，於是，我問她：「妳認為廣播詞跟飛安有多大的關聯性呢？」

「嗯，應該跟飛安沒什麼相關吧，飛機上的廣播內容不都是一些飛行時間、飛行高度、免稅品之類的，頂多就是遇到亂流時的廣播，才跟安全有關吧。」，她歪著頭說。

這就是一般人對廣播詞的刻板印象吧，機上廣播跟飛行安全有什麼關係？我打開電腦裡的以前修訂的廣播詞檔案，要她看看其中一篇的內容：

「各位貴賓，您好：

我是座艙長/客艙組員XXX，歡迎搭乘XX航空公司XXX班次到XXX。

我們的飛行時間大約是X小時XX分鐘，本班機的機長是XXX。

現在，請各位將椅背扶正，餐桌收回，安全帶扣好，遮陽板打開，並請不要吸菸；提醒您，洗手間內是禁止吸煙的，損壞洗手間內煙霧偵測器是違法行為。

為了飛行安全，請您將行動電話調整至飛航模式，無法調至飛航模式的行動電話請務必關機。

同時，在客艙內禁止使用個人無線電收發報機及各類遙控器等，客艙組員將為您示範緊急裝備的使用方法，請您注意。謝謝！」

粹華邊看邊念，看完之後，她告訴我，坐了那麼多次的飛機，她還真沒仔細聽過空服員的機上廣播，不知道簡短的廣播詞裡，包含了這麼多的內容，而這些內容，都與飛安有關。

其實百分之九十的機上廣播，都與乘客的飛行安全，有著高度關聯性，而空服員做廣播的目的，就是要盡到「告知」的義務。提醒乘客，在飛機上哪些事可以做、哪些事不能做、哪些事會危害飛航安全，甚至到哪個國家要特別注意當地的流行傳染病、回國後要注意些什麼。

「如果空服員自己都不清楚廣播的目的與重要性，又怎麼稱得上專業呢，是吧？」，我問粹華。因此，我再度向她澄清：我不是兇，我只是嚴格。

　　在飛機上，看似簡單的文字、看似例行性的工作，在其背後，都有它的意義。對乘客而言，廣播，乍聽之下，好像與飛航安全風馬牛不相及。但身為空服員，可不能跟一般乘客有相同的觀念，必須重視從自己口中傳遞出來的每一句話。

　　對我而言，身為講師，所要教導的，不只是專業知識，更重要的，是給予學員正確的觀念。觀念沒有矯正，學習任何事物，都會顯得意興闌珊，更遑論什麼積極的態度。

　　最後，我對粹華說，我不需要好人卡，我只是做好自己該做的事，如此而已。

眼觀四面、耳聽八方

小心背後靈

　　依每家航空公司需求不同，每一期受訓的新進空服員，人數大約是20人上下，每個人來自不同的地方、不同的學校科系、有不同的個性，好像一個小型社會的縮影。能夠考上同一家航空公司、又能在同一段時間一起受訓，都是緣分使然。地面訓練的時候，大家幾乎天天朝夕相處，有福同享、有難同當。

　　不過，一但地面訓練結束，通過考試、成為一位合格的空服員之後，便要適應與不同的座艙長或學長姐一起工作。不像在課堂上，在說錯話或做錯事前，有好心的同學提醒你，我們稱之為「單飛」。

　　「單飛」，顧名思義，就是脫離原本的群體生活，今後一切都要靠自己了。

　　在飛行中的許多重要時刻，空服員都會依照機長的燈號指示

做必要的「安全檢查」，尤其是準備起飛與降落前的階段，更是重要，我們會請乘客將椅背豎直、餐桌收好、安全帶繫妥、打開遮陽板，還要特別注意乘客是否將所有行李放置在行李櫃中，或是前方的座椅底下。尤其是坐在逃生出口的乘客，更要苦口婆心的解釋：為了不阻礙逃生的動線，連座椅底下都要淨空，鞋子也得麻煩穿上。

對於飛行已經有一段時間的空服員來說，因為對工作熟悉了，也抓到要領與訣竅了，所以能在短時間就能完成。但是，對於仍在考核或剛通過考試的空服員而言，再怎麼注意，還是會有疏漏，因此，每位座艙長都會跟在資淺的空服員後面，亦步亦趨的，像背後靈一樣，隨時糾正學妹。

20多位新進空服員既然是一個小型社會的縮影，在這其中，當然也就存在著各式各樣的人格特質，特別是，每一期都會有一兩個「天兵」，在飛行中鬧出許多笑話。

跟我同一期受訓的同學裡，發生過最多笑話的，應該就是紹軒了。在地訓時，常常打瞌睡也就罷了，但厲害的是，卻總是能一邊打瞌睡，一邊回答老師的問題。空訓時，在飛機上又忽然變成另一個人，頭腦清晰、動作敏捷，令所有學長姐跌破眼鏡，完完全全符合了「小時候胖不是胖」這句諺語。

但天兵就是天兵，偶爾也會做出令大家哭笑不得的行為。

　　有一次，紹軒和一位數一數二資深的學姐一起飛行，在降落前，一位坐在靠窗的乘客睡著了，她呼喚了這位乘客好幾次，就是怎麼也叫不醒這位乘客，她的左手拿著乘客遞給她的報紙，右手拿著托盤，根本沒有多餘的手可以推推這位乘客，請他把遮陽板打開，就算用同一隻手拿著報紙與托盤，另一隻手也搆不到窗邊，把遮陽板打開。

　　一想到學姐可能就在背後，她異想天開的，用了右手的托盤當工具，試圖將遮陽板打開。就這樣，紹軒一連試了好幾次，手中的托盤也就在這位熟睡乘客的面前不斷上下游移，忽然，從她的背後傳來一句低吼：「學妹，妳這是在做什麼？」

　　紹軒只好誠實回答，因為乘客在睡覺，不想打擾乘客，所以才會試圖用手上的托盤幫乘客打開遮陽板。

　　據紹軒所說，學姐一聽，馬上把她拉回廚房，直呼不可思議，怎麼會有人用這種方法想要將遮陽板打開？

　　「這位學妹，請問妳心裡到底在想什麼啊？妳拿著托盤在一位睡著的乘客面前揮啊揮的，如果我是乘客，一睜開眼睛，看到妳這舉動，不被妳嚇到才怪。」

　　學姐繼續說：「還好我走在妳後面。假如妳一個不小心，手中的托盤揮到乘客的臉，除了妳有道不完的歉，我還有寫不完的

報告。」，學姐對紹軒，並沒有太多的責怪，說完之後，要紹軒放下手上的報紙與托盤，繼續進行安全檢查。

每個人都當過菜鳥，也鬧過許多笑話，但對於講師或座艙長而言，在飛行中，正確的觀念及態度是最重要的，如同那位原諒我忘了阿媽輪椅的魔鬼學姐，又如同這位原諒紹軒的資深學姐。

多年後，當我晉升為座艙長時，最注重的，也是學妹的態度。因為一個人的態度，反映出的，不只是道德品行，還有對這份工作的責任感。而我也深信，一位有責任感的空服員，才能熱愛自己的工作、接受所有嚴苛的要求。

叮咚叮咚協奏曲

飛機到達一定的高度之後，如果氣流平穩，這時，就會聽到機長「咚」的一聲，把請扣安全帶指示燈熄滅了，乘客就可以起身上廁所，而空服員也開始穿上圍裙、準備餐飲服務。發餐的時候，機上的服務鈴不斷「叮」、「叮」的此起彼落，空服員則是忙碌的穿梭在走道與廚房之間。

機長與空服員間、空服員與空服員間，聯繫的管道之一，就是這些叮咚、叮咚的暗號。任何時候，只要一聽到這些暗號，空服員的反應，一律都是抬頭、看一下飛機上的燈號，然後再快步回到空服員的座椅，拿起話筒。

空姐飛常不簡單
我的空服生涯全紀錄

　　乘客服務鈴所發出的聲響、叮咚叮咚的暗號，在整趟飛行途中，交織成一首熱鬧的協奏曲。

　　空服員對這些聲響，特別敏感，即使在自己出國旅遊搭乘飛機時，也是如此，任何時候，一聽到「叮」、「咚」，或是「叮咚」，還是會忍不住抬頭，看一下是什麼情形。

　　十五年前，我與一群朋友到義大利旅遊，在這個行程中，特別的是，我們刻意插入了五天米蘭-巴塞隆納的旅中旅。出發前，旅行社告訴我們，在台灣訂米蘭-巴塞隆納這段航程的機票價格，非常昂貴，價格大約是在歐洲當地購買的一倍。

　　為了節省經費，我們做了一項冒險的決定：在台灣先訂好巴塞隆納的飯店，到了羅馬，再買機票。抵達羅馬的隔天，我們立刻上網搜尋機票，也很幸運的訂到了義大利航空的機位。

　　登機前，我從候機室裡，看到我們即將搭乘的飛機，竟然是公司使用的機型中其中一種。我興奮的告訴朋友們：「我們公司也有這種機型耶，這飛機我超熟的，如果發生了什麼緊急狀況，大家可以靠我，不必擔心！」

　　話一說完，立刻遭來朋友們的一堆責罵：「呸呸呸，妳少烏鴉嘴了！」

　　朋友們繼續看著手上的旅遊書，而我則開始仔細研究每個人

登機證上的座位號碼。這時，我又像發現新大陸似的嚷嚷著：「我們很有可能坐在逃生窗的旁邊喔，如果發生緊急狀況，我們必須協助空服員以及機上乘客，要不要我先來跟大家講解一下，怎麼把逃生窗搬下來？」

沒人理我，因為從台北到羅馬，大家就已經領教夠了我的職業病。從登機前、登機時、飛行中、降落前，一路上，我比飛機上的空服員還忙碌，一聽到什麼聲響、一看到什麼燈號，就趕快提醒她們，要起飛了、要有亂流了、快下降了，跟糾察隊沒什麼兩樣。就連我上完廁所，也會手癢，清理一下廁所。

候機室裡傳來準備登機的廣播，走進了飛機、找到座位後，我們真的坐在逃生窗那一排。身為空服員，怎麼能不遵守逃生出口的相關規定呢？於是，我又指揮著我的朋友們，把所有隨身物品放到座椅上方的置物櫃裡，好像是自己在上班執勤一樣。

過沒多久，乘客陸陸續續登機完畢，「飛機應該快要關門了。」，我抬起頭來，左顧右盼之後說。同樣，還是沒人理會我，一夥人熱烈的討論著高第的建築，像是桂爾公園、聖家堂、米拉之家……，可以親訪這些以前只能在書裡看到照片的景點，真是不虛此行。

聊著聊著，大家忘了時間，我也沒注意到，怎麼過了起飛時間，飛機卻還沒關門。這時，客艙裡傳來「叮、咚」的聲音，我

本能的抬起頭來，只見每位空服員快步走向空服員的座椅旁，接起了電話。

「應該出了點狀況。」，我告訴我的朋友們。所有人一聽我這麼說，全部露出「不會吧！」的表情，還有人說我太敏感了，要我暫時忘記自己的職業，好好的當個乘客。

接下來，又是一連串的「叮咚、叮咚」，空服員在走道上來回走了好幾次之後，終於，飛機關門了。好吧，可能真的是我太敏感了，也許只是機長要告訴空服員，因為起降的飛機很多，所以晚點關門，這也是常發生的事。

但起飛前發生的這件事，就真的很不尋常了：一位空服員，帶著手電筒，坐到跟我們隔著走道同一排的座位，而不是坐在空服員的座椅上。我的朋友們對空服員的這個舉動，似乎也感覺到有點不對勁，紛紛問我，現在到底是什麼狀況？

說實在的，機長或空服員沒有廣播，當乘客的，根本就不可能知道飛機上有什麼特殊的狀況發生，我只能憑著自己的經驗告訴她們，最壞的情況，就是飛機真的有些什麼問題，但這問題，應該還好，不至於影響到飛行安全，否則，飛機也不可能關門起飛。

大家一聽我這麼說，稍微放心了，但整趟航程裡，全都變得

跟我一樣，一聽到任何叮叮咚咚的聲音，都不自覺的抬起頭來，東望西望的。很快的，一個多小時的航程即將降落了，在降落的時候，這位空服員，也沒有再坐在逃生窗這一排，飛機落地、艙門打開後，我們平安抵達了巴塞隆納的埃爾普拉特機場。

事後，朋友們都說，經歷過這次有驚無險的航程，才發現，原來在飛機上有這麼多的「叮咚」，也很慶幸，有一個當空服員的朋友可以一起出國搭機，長了不少知識。

我則開玩笑的請大家幫所有空服員一個忙：如果把閱讀燈的按鈕，錯按成服務鈴，麻煩自己再按一次服務鈴，表示取消服務，以免我們白跑一趟，謝謝。

飛高高也要看得更遠

世萍，是我的高中同學，大學畢業後至今，仍然在梅花航空服務，參加去年的高中同學會，和我聊天時，才知道我已經不飛了，在一家新成立的航空公司擔任空服訓練的工作。她說，她真的很佩服我有轉任地勤的勇氣，她飛了十幾年，從來都沒想過，如果不飛了，她要做什麼。

我告訴她，其實我也沒什麼轉換跑道的勇氣，我只知道，總有一天，我會因為年紀漸漸大了，體力無法負荷，所以，很早就開始規劃未來的職業生涯。

　　許多高中同學也問我，為什麼當初要離開人人稱羨的國際航空公司？會不會後悔換到以國內線為主的遠東航空？而我總是誠實的回答：「這只是一份工作，沒什麼後不後悔，況且，我覺得可以天天回家，很好啊。」

　　那時，正好這新成立的航空公司結束了一次座艙長的晉升考試，正在進行座艙長的空中訓練考核，有一位學妹，因為成績達不到80分的標準，需要重新考核一次。

　　我看了這位學妹的考核表，講師給她的評語是：領導能力尚待加強。

　　於是，我打了電話給這位學妹，想知道該怎麼做，才能夠幫助她。

　　電話另一端的學妹似乎也對自己的表現感到沮喪，她說當天的班機幾乎客滿，她想替其他的同事多做一些事，分擔一些工作，但卻心有餘而力不足，反而忘了自己該做的事，像個無頭蒼蠅似的瞎忙。

　　聽完學妹的心聲之後，我大概可以猜出她沒通過座艙長考核的原因了。

　　我告訴她，在飛機上，座艙長就是所有空服員的領導者。接下來我告訴她的一段話：

我一直覺得我的空服生涯十分順遂，除了在初期因為生理因素，讓我差一點自我放棄外，幾乎沒有遇到什麼工作瓶頸，甚至，還遇到許多貴人。當時遠東航空的空服處，為了以表現替代年資，打破了航空公司傳統的學姐學妹制，只要飛滿三年以上、考績優良的空服員，都可以參加座艙長的晉升考試。

　　新制度實施的第一次，我剛好飛滿三年，卻因為常請假、考績不好，而喪失了考試資格。那是我第一次對自己的工作有危機意識，也是第一次深深的感受到，什麼叫做長江後浪推前浪。因此，我告訴自己，不可以再常請假了，至少，下一次座艙長考試時，要有參加的資格。

　　兩年後，也就是我飛滿五年的時候，公司又公布了座艙長晉升考試的消息，通過了第一階段的筆試之後，第二階段面試時，主考官包括了空服處的主管還有人資處的主管，我被問到的第一個問題就是：如果今天的航班中，妳是座艙長，而其他的空服員都是比妳資深的學姐，對妳的指令不服從，妳該怎麼做？

　　當時我回答主考官：「身為一位座艙長，一定要先跳脫空服員的思維，以管理階層的角度來帶領團隊，協調解決飛機上各種實際面臨的問題，在關鍵時刻才能夠臨危不亂、下正確的決策與指令，隊員才會信任妳、尊重妳。」

　　「想要幫忙分擔機上的工作，固然是件好事，但也要量力而

為，等到考核通過了，對自己的職務熟悉了，先做好自己份內的事，才有能力分擔其他人的工作。飛機上，每個人各司其職、互相幫忙，空服員所需具備的條件與能力，座艙長都已經具備了，但座艙長所接受過的訓練，卻是空服員所欠缺的。如果妳還是一直搶著空服員的工作，那麼，誰來做座艙長的工作？這樣的妳，又跟空服員有什麼差別？」，我問她。

「學姐，我懂了，下一趟的考試，我知道自己該怎麼做了。」，學妹最後充滿信心的回答我。

幾天後，學妹傳了訊息給我，告訴我，她通過了座艙長的考試。

想起我當時受座艙長訓練的時候，有一位已經飛了八年的學姐，因為承受不了壓力，而選擇退訓，寧可當個空服員就好。

座艙長的職責，不只負責客艙裡空服員與空服員之間、空服員與乘客之間以及乘客與乘客之間的所有事務，還有機長與客艙之間、地勤人員與客艙之間的溝通協調，相對於空服員，責任與壓力當然也更重了。

而在這間新成立的航空公司，大多是之前沒有任何飛行經驗的新鮮人，對他們而言，要在短短幾個月的時間內，收起童心、強迫自己長大，不是件容易的事。

「成為座艙長之後，接下來，才有機會擔任講師，這又是空服職涯的另一個階段，希望妳能繼續努力，往另一個階段邁進，恭喜妳，祝飛行愉快！」，我簡短的回傳了這幾個字。

座艙長晉升訓練結案報告

訓練人數：5名
完成訓練人數：5名

座艙長除了袖口上的兩條槓之外，還多了臉上的魚尾紋

Chapter 3

飛安只有 100 分，
沒有 99 分

Safety Is the First Priority.

服務類的課程，對所有新進空服員來說，無疑是地面訓練唯一的小確幸。

記得以前受訓上調酒課時，老師要我們自己品嘗自己調的雞尾酒，一堂課下來，喝了好幾杯，下課後，大家幾乎都不勝酒力，呈現微醺狀態，頭昏腦脹的繼續上其他的服務課程。老師還說，這是唯一可以「合法喝酒」的課，要我們好好珍惜！

大家雖然在微醺之際，還是不忘把各種調酒的名稱、基酒、比例及酒杯上要擺的裝飾抄在小抄裡，期待有一天可以派上用場。

飛了好幾年，沒碰過幾位在飛機上點雞尾酒的乘客，那本小抄，也在不可考的時間點消失了。

而莫非定律，就這麼發生了：一位商務艙的乘客向我點了一杯螺絲起子。

回到廚房，打開餐車，拿出了伏特加與柳橙汁，卻怎麼也想不起來基酒與果汁的比例，只好背著學姐，偷偷的亂調一通，幸好這位乘客的嘴巴不刁，我也就這麼蒙混過關。

回家後，我立刻翻箱倒櫃的找出我的小抄、放進行李箱裡，再也沒有拿出來過了。

　　一杯螺絲起子，看似與飛安無關，但隱藏在背後的危機，卻是自以為永遠不會遇到的僥倖心態，意外，總是這樣發生的。

熱失控的瘋子 —— 鋰電池

鋰電池的空中危機

　　2016年5月6日，晚上10點26分，威航航空公司一架由桃園機場起飛，目的地為日本羽田機場的班機，在起飛55分鐘後，客艙忽然冒出濃煙，緊急折返桃園機場，機上168人，包括162名乘客及6名機組人員，於晚間11點18分，平安降落桃園機場，無人傷亡。

　　客艙冒出濃煙的原因，正是機上一名旅客攜帶上機的行動電源發生自燃造成的，而行動電源，就是現在3C產業常使用的鋰離子電池，其中的一種。

　　我可以想像當時在客艙中有多麼的混亂：

　　空服員正忙著準備發餐，忽然一位乘客焦急的按著服務鈴，緊張的指著旁邊座椅前的口袋內，有一正充電的行動電源連著手機，冒出陣陣白煙，同時發出燒焦的臭味。

　　白煙迅速的往其他座位飄散，其他的乘客也開始騷動，畢竟，就算在家中見到煙霧，就已經夠可怕了，更何況發生在高空中的飛機上。每個人都擔心，接下來是不是會引起大火或忽然爆炸。

　　空服員在這個情況下，平時的訓練就更顯得重要，必須先鎮靜的先拿滅火器對著火源滅火、將附近的乘客換到其他的座位、通知機長、一邊分發濕紙巾給予乘客掩住口鼻、一邊廣播安撫乘客驚恐的情緒。

　　在飛機上遇到火災，無論火勢大小或火是否被撲滅了，都要盡快找最近的機場降落。在降落的過程中，空服員都要繼續觀察煙與火是不是有死灰復燃的情況，並隨時通報機長。

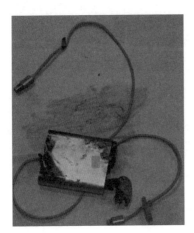

威航班機上起火之行動電源及其充電線
（圖片來源：飛安調查委員會。航空器飛航事故 事實資料報告
報告編號：ASC-AFR-16-08-001
http://www.asc.gov.tw/upload/acd_att/ASC-AFR-16-08-001r1.pdf, 20160918）

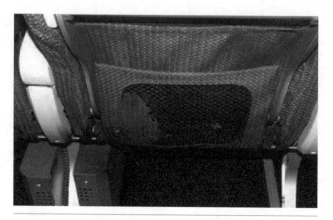

威航班機上燒毀的座椅置物網袋
（圖片來源：飛安調查委員會。航空器飛航事故 事實資料報告
報告編號：ASC-AFR-16-08-001
http://www.asc.gov.tw/upload/acd_att/ASC-AFR-16-08-001r1.pdf,
20160918）

　　威航這次事件，是國籍航空公司第一起行動電源空中自燃的
飛航事故。但事實上，在這之前，從1991年到2016年，國際上已
經發生171件鋰電池在機上冒煙、起火或爆炸的相關事件。

　　姑且不論這個行動電源是否因為在充電過程中而發生短路現
象，或因為是山寨版沒有通過安全檢測，但最近炒的沸沸揚揚
的新款手機，三星Galaxy Note 7，也因為電池過熱、自燃意外頻
傳，而正式宣布在全球10個國家回收約1百萬隻。

　　因此各家航空公司紛紛禁止乘客在飛機上使用這款手機，同

時也勸導乘客在飛機上使用3C產品時，不要同時充電，以免發生類似的飛安事件。

面對熱失控的瘋子，該怎麼做？

第一、永遠不要讓自己處在「敵暗我明」的狀況下。

2010年9月，也曾發生過一架自杜拜起飛的UPS貨機，機上載著8萬多顆的鋰電池，在飛行中突然自燃，導致飛機著火爆炸，最後失事墜毀。

因此，行動電源和鋰電池絕對不能放置託運行李內，僅能隨身攜帶上機，而且也有限制數量。想想看，如果放置在託運行李內，在貨艙裡，鋰電池一旦自燃起火，將無人發現，後果不堪設想。

鋰電池可怕之處，不只是因為像鬼火一樣會自己燃燒，而是在於起火之後，高溫可能超過攝氏275度，而且難以撲滅。因為高溫不斷發生化學反應，釋出氧氣，熱量累積到一定程度，又會繼續燃燒，這個現象就叫做熱失控。

第二、打一針鎮定劑，讓這熱失控的瘋子冷靜下來。

使用滅火器進行滅火，滅火器的作用就如同鎮定劑，可以讓這失控的瘋子暫時冷靜下來。滅火完畢後，持續用大量的水，降

低鋰電池的溫度，直到消防人員到達為止。

注意：

1. 不可以使用含有酒精的液體滅火
2. 不可用使用冰塊覆蓋鋰電池，這樣熱氣無法散出，無法降溫，反而更容易引發熱失控。

在空服員的滅火訓練裡，都會將鋰電池特別獨立出來，也會在危險品的課程中，再詳細說明，每上到這一個章節，就會播放一段鋰電池的實驗影片，讓學員們了解鋰電池滅火的難度。

影片是在模擬客艙內進行的，乘客座椅的桌板上，放置了一台筆記型電腦，接著，這台筆記型電腦忽然起火了。空服員立刻拿起滅火器，對著起火的筆記型電腦噴灑，很快的，火勢就被撲滅了，但不到一分鐘，火苗又迅速燃起。

空服員再度拿起滅火器滅火，火滅了之後，這筆記型電腦已經被燒得面目全非了。空服員拿著水，由上往下澆，已經沒有白煙冒出後，才停止。沒想到，過了大約兩分鐘，又開始起火了，而且，火越燒越旺。

第三段場景，繼續進行實驗，這台筆記型電腦已經變成一堆廢鐵了，空服員拿著一桶冰塊，將它滿滿的覆蓋著。過沒多久，這廢鐵，竟然產生了驚人的爆炸，連帶座椅，全都被燒個精光。

幸好，這只是實驗影片，在我們日常生活周遭，到處都是智慧型手機、平板電腦、筆記型電腦、隨身電源等等，就算不是發生在飛機上，在家裡或辦公室，都有可能遇到鋰電池過熱或自燃的意外。

我們除了要探討鋰電池的品質之外，也要注意在充電或使用這些產品時，溫度是否過高。搭乘飛機時，更要配合航空公司的規範，才能預防這些意外產生。

「死不知路」的危險品

每當我看到「危險品」這三個字，就會回想起我那受盡煎熬的40個小時，為了要在任職的航空公司教授這堂課，就必須要擁有國際運輸協會所核發的證照，而且，還需要每兩年複訓、考試一次，以維持資格。

當公司要我參加這個訓練的時候，我還蠻高興的，想說，不用花自己錢的證照，不拿白不拿，等到上課第一天，拿到那本厚達30公分的原文書，我才知道什麼叫「死不知路」。

授課的老師是一位在業界非常知名的劉老師，學員則是來自各家航空公司、貨運公司及物流公司。我的座位被安排在第一排，坐在我隔壁的，是一位鋰電池製造商的李經理。

劉老師上課的節奏非常快，只要稍微跟不上他的速度、翻不到他所說的那一頁，就會被罵得狗血淋頭，李經理還私底下問我，這是航空公司特殊的訓練文化嗎？

　　為期五天，每天八小時的課程，遠比我想像中的難多了，內容也不只僅限於以前空服所受的訓練，還加上了危險物品要怎麼包裝、包裝運送的規則與限制、空運提單要怎麼寫……，尤其是如何計算輻射量，根本就是化學課無誤。

　　空服員也要具備危險品的相關知識？這是我進航空公司之後才知道的。

　　「危險物質指的是在使用或運輸的過程中，會對環境、健康、安全及財產等造成危害的物質。」，為了要知道哪些屬於危險物質、哪些物品可以帶上飛機、不能帶上飛機、如果真的有乘客帶上飛機，該如何處理？所有新進空服員都要上滿8小時的危險品課程，之後，每年還要上滿4小時。

　　例如：

　　每位乘客只能隨身攜帶一個打火機，不可以託運。

　　身上或隨身行李內攜帶裝有液體、膠狀及噴霧類物品的容器，體積不可超過100毫升，總體積不可以超過1公升，而且要裝在可以完全密封的透明塑膠袋裡面。

成為講師之後，訓練時，會穿上藍色的工作服。（一般
空服員工作服為白色）

防狼噴霧劑不能攜帶上機，自排棒管徑一公分以上、收起來
還超過 25 公分以上的，也不能攜帶上機，等等。

關於這些危險品的課程真的非常枯燥無味，所以講師們都要

蒐集許多案例及影片納入教材裡，讓課程內容更豐富、也讓學員更容易了解、記憶。

當空服員的確不是想像中那麼簡單的，而成為一位講師，背後付出的努力，更是新進空服員，還無法體會的。像晶晶，晉升成為座艙長幾年後，通過考試及培訓，擔任空服講師，但比起單純的飛行賺錢，空服講師卻不是每個人都願意做的事。

我曾經問過晶晶，為什麼願意利用自己的休假，製作教材、備課、捨棄一半的時薪，做這些看似吃力不討好的工作。她告訴我，為的不是別的，只為了傳承這兩個字，教學相長，看到一期又一期的學員穿上制服，實現他們的夢想，自己得到的，遠比付出的多。

她說：「這也是工作的另一種成就感。」，我完全同意。

空姐飛常不簡單
我的空服生涯全紀錄

恐怖指數最高的雲霄飛車 ── 晴空亂流

大怒神，一次都不要

　　1998年，我剛進入遠東航空，還在地訓時，就聽說有一位學姐在飛行中遇到晴空亂流，整個人被拋到天花板，再重重落下，落下時，小腿撞擊到乘客座椅的扶手，造成嚴重骨折，休息了好幾年，最後還是離職了。

　　2016年9月1日，美國聯合航空一架從德州休士頓飛往英國倫敦的班機，在飛越大西洋上空時，忽然遇到嚴重亂流，無預警的亂流迫使飛機急速下降，有些沒繫妥安全帶的人，因此被亂流狠狠的從座位上拋起，撞上機艙的天花板。

　　這起意外造成機上十名乘客及空服員受傷，機長也因此緊急降落在愛爾蘭的香農機場(Shannon airport)機場。所幸受傷的乘客及空服員傷勢並不嚴重，雖然沒有人傷亡，但所有乘客都歷經了猶如大怒神的驚嚇體驗。

試想，在沒有任何心理準備的情況下，飛機突然往下墜一、兩層樓的高度，是多麼恐怖的一件事。如果正好發生在發餐的時候，那麼餐車以及上面所有的紅白酒、熱茶、咖啡、餐點、杯子……也都會全部急速往天花板飛，之後，這些往上飛的物品，落下的時候，可能砸在任何人身上。

　　如果飛上去的是一個人，掉下來的時候，也不會剛巧掉回自己的位置上，身體的任何部位，如：頭、腳、手、腰，都有可能撞到座椅的扶手、椅背、其他乘客，甚至被重落的餐車砸傷。

　　機長在飛行前，都會拿著氣象圖對空服員做航路天氣的簡報，告訴空服員天氣狀況如何、起飛之後多久可能會遇到不穩定的氣流，在駕駛艙的儀表板上，也有氣象雷達顯示，可以讓機長提早通知空服員及所有乘客。

　　但晴空亂流卻無法事先預測，不止眼睛看不到，連雷達也看不見。每當發生晴空亂流時，由於毫無預警，對乘客、對客艙都會造成嚴重的損傷。這就是為什麼航空公司會建議乘客，只要坐在座位上，就繫好安全帶。當然，有人會說，繫好自己的安全帶，也無法保證不會被飛起來的人撞，但至少，這樣做可以把自己受傷的機會降到最低。

　　新進空服員的課程中，包含了亂流的相關知識以及各項處置，在飛行途中，只要請扣安全帶的指示燈亮起，座艙長就會立

空姐飛常不簡單
我的空服生涯全紀錄

刻向乘客廣播，其他的空服員也會在走道上檢查乘客是否繫好安全帶，這也是安全檢查的項目之一。

因此，為了您的安全，請全程繫好安全帶！

劫後歸來的深情擁抱

我從來沒想過，會從電視新聞畫面上，看見自己任職航空公司的意外消息。

2006年11月16日，遠東航空公司從桃園飛往韓國濟州島的途中，與一架泰國航空公司的飛機，發生空中接近事件。

一位我最要好的學妹，詠薇，也在那架飛機上。

當兩架飛機的距離太過接近時，雙方飛機上的緊急避撞系統就會自動啟動，並且發出警告一架給予上升，另外一架則給予下降的指示。我們的飛機，便是需要下降的那一架。

當時，台灣與大陸還未開放直接三通，所有要到大陸的旅客，都必須經第三地轉機到大陸，而韓國濟州島，也是除了香港、澳門之外，其中的轉機點之一。

詠薇並不是那班飛機執勤的空服員，她是搭乘那班飛機，要轉機到上海探親的乘客。她說，回憶起那天，至今還餘悸猶存。

我與詠薇於某次一起飛行中
的合照，有妳真好。

　　從台北到韓國濟州島的航程很短，大約一個半小時，跟台北
到香港、澳門差不多，但比起香港、澳門，濟州島離上海較近，
因此，不少要到上海的旅客，都會選擇由濟州島轉機。

　　那個時候，空服員還在販賣免稅商品，詠薇想上洗手間，才
一打開安全帶，正要起身時，飛機就忽然往下墜，由於下降的速
度很快，她本能的趕快抓住椅背，但仍然還是重重的跌了一跤。

　　飛機上沒繫安全帶的乘客、在走道上、廚房裡忙碌的空服員，全部被這突如其來的墜力，瞬間拋上天花板，客艙內頓時充滿了驚恐的尖叫聲。這緊急下降的11秒，造成了4位乘客重傷、十幾位乘客輕傷，詠薇以及飛機上所有的空服員也都受傷了。雖然詠薇不是當班的空服員，還是不顧自己的傷勢，跟飛機上的空服員一起急救一位昏迷的乘客。

　　我重複看著新聞，幾位乘客因為傷勢較重，被擔架抬了出來。四位重傷的乘客中，有三位是肋骨骨折、胸腔內出血，另一位則是頭部外傷、顱內出血，所有受傷的乘客，全都在飛機到達韓國濟州島後，緊急送往當地醫院就醫。

　　詠薇說，當她看著脖子也扭傷的學姐，一邊歪著頭，一邊忙著清點受傷人數的那一刻，忍不住紅了眼眶，但飛機上所有的空服員，沒有一位掉下眼淚。

　　輕傷的乘客隔天搭乘東方航空的飛機，飛往上海；重傷的四名乘客，則暫時先在濟州島的醫院繼續治療幾天。大家都很擔心同事的狀況，彼此打著電話、傳簡訊，交換最新的消息，聽到他們沒事，隔一天也可以搭飛機回來，心裡總算比較安心了。

　　隔一天，我要接飛的飛機，正好就搭載著這班同事從濟州島載回台北，我們在空橋外，看著飛機逐漸靠近，這班歷劫歸來的同事們，在所有乘客下機後，拖著行李箱，緩慢地走出機門，看

得出來大家都沒睡好，但一見到我們，卻還是忍不住內心的激動，擁抱最真實的溫暖。

那航班的編號，我一輩子也不會忘記：EF 306

颱風天，停飛不停飛？

2001年的納莉颱風，讓台北市多處成了汪洋一片，許多捷運站通通淹水，就連機場也是。平常我從家裡到松山機場報到，只要30分鐘，但那天，卻足足花了兩個鐘頭。坐在計程車上，走走停停，左轉也淹水、右轉也淹水，水淹到車子開不過去，眼看就快要遲到了，我趕快打了電話向公司報備，電話那端的督導要我慢慢來，許多人也因為大淹水，還沒到公司，安全最重要。

計程車司機說，松山機場以西，根本沒有一條路可走，只能繞上高速高路往北開，再從內湖方向往松山機場走。到了公司，每個人都狼狽不堪，還有一位學姐，鞋子上都是爛泥巴，正忙著清理。

所有人都到齊之後，我們坐上公司的交通車，準備前往桃園機場，沒有人想到，因為淹水造成大塞車，交通車開了一個鐘頭，還開不到兩公里，照這樣的速度，根本沒辦法在飛機起飛前抵達機場，公司只好取消我們這組的任務，由前一班同事替我們飛。

　　這也就是說，原本已經飛了兩趟台北-澳門，準備下班的同事，因為我們這組無法到達桃園機場，還要代替我們，再繼續飛一趟台北-澳門。因為前一天颱風大亂，已經取消了好多航班，機場裡的人潮擠得像沙丁魚一樣，航空公司的櫃檯已經快要被掀翻了，只要天氣允許飛機起飛，就得飛。

　　每到颱風季節，航空公司總是會面臨要不要飛的問題。一但低氣壓產生、發布海上颱風警報時，各單位就會召開臨時緊急會議，針對颱風預測的強度、走向、影響的範圍及時間，做沙盤推演。

　　颱風來了，不只有班機是否要取消的問題，影響的層面還包括了飛機如何調度、飛行員與空服員的工作時間、滯留旅客的安排、加班機、取消航班旅客退票……等等後續衍生的繁瑣事項。

　　有時，早上出發的航班，天氣晴朗無雲，但下午回來的時候，卻已經狂風暴雨。前幾天的莫蘭蒂颱風，號稱目前地表最強的颱風。據一位還在飛行的學妹描述，當天從太原回台北的氣流，就像是有人不時的在拉扯自己一樣，一下感覺到左手被扯、一下又是頭被打了一棒，一路上飛機的尾巴被強烈的氣流甩來甩去，再三不五時來點大怒神。

　　兩個多小時的航程中，所有乘客都乖乖地繫好安全帶，沒幾個人站起來上洗手間，飛機下降後，氣流更差，有些乘客已經開

始吐了。

　　她看了客艙，乘客有的吐的吐、有的人緊抓著扶手或抓住家人，還有些人雙眼緊閉、口中念念有詞，似乎在祈禱著可以平安落地。她真的想為這些乘客做些什麼，但卻考量到自己的安全無法起身，力不從心的感覺讓她非常沮喪。

　　快到松山機場時，因為風速太大，飛機重飛了好幾次還是無法降落，她說，那是一種明明看到地面，但卻怎麼都降落不了的無力感。這時，機長又通知，如果在空中繼續盤旋下去，油量就不夠了，而桃園機場因為跑道積水，暫停起降，只能先轉降到台中機場，加完油之後再視天氣狀況，飛回松山機場。

　　到了台中機場，新的氣象報告來了，松山機場的風雨已經逐漸變小，飛機可以重新起飛了，當飛機平穩的落在松山機場的跑道時，她聽到客艙傳來的陣陣鼓掌聲。雖然許多乘客被颱風一路折騰，早已吐的七暈八素，但下機的時候，還是不忘對她說聲：「辛苦了，謝謝你們！」

　　回想起每一次因為天候不佳而取消航班，機場的旅客在航空公司櫃檯，對著地勤人員咆嘯的畫面，總有說不出的感慨。大自然的力量，真的不是渺小的我們可以預測的，飛機要飛在天上，航空公司才有營收，如果能有營收，航空公司怎麼願意讓飛機停在地面上呢？

　　近十年，民航業的飛航事故，環境相關因素佔了 23.1%，我們無法與大自然的力量抗衡，只能依照科學的數值，決定要飛還是不飛，也期盼所有乘客及機組人員，飛行平安，safe landing。

飛機上不能抽菸，為什麼要有菸灰缸？

機上抽菸等於玩火自焚

很難想像，幾十年前的飛機裡，是設有吸菸區的。

但飛機是個密閉式空間，二手菸會隨著空調的內部循環，瀰漫於整架飛機裡，「吸菸區」與「非吸菸區」，實際上根本沒有差別。不過，飛機上禁菸最重要的原因是安全問題。那麼，為什麼飛機上不能抽菸，卻有菸灰缸？難不成菸灰缸是鼓勵乘客在飛機上吸菸嗎？

這個問題，就像保險套一樣，關係著東西方人不同的思維方式，既然無法防止所有乘客偷偷跑到洗手間內吸菸，那麼，至少要有一個安全的地方，可以把菸蒂熄滅，換句話說：不能治本，也要能治標。

因此，美國聯邦航空總署(FAA)規定，每架飛機上都必須設置一定數量的菸灰缸，而且，在空服員一上機後，還要檢查菸灰

缸有沒有固定在位，少了一個，飛機就不准放行起飛。

　　菸灰缸的確會讓第一次坐飛機的人誤以為是廁所的門把，用力一扳，菸灰缸就會掉到地上，有些乘客會不好意思的撿起來交給空服員，但有些乘客卻不會，於是，在飛機上，常常上演著空服員趴在地上找菸灰缸的戲碼。

　　在飛機上的廁所偷抽菸，是一件極度危險的事。1973年7月11日，一架從里約熱內盧飛往巴黎的格朗德航空(Varig Flight 820)，就是因為一位乘客在廁所抽菸，並把菸蒂都棄在垃圾桶

飛機上位於廁所門外上的菸灰缸

裡，造成飛機起火，煙霧瀰漫整個客艙，使得機長不得不緊急迫降。不幸的是，最後這架飛機仍然在巴黎奧利機場五公里外失事墜毀，機上共有134名乘客及機組員，只有11人生還。

或許有些人以為，在飛機上抽菸，只要不觸動煙霧警報器，或是用水澆熄菸頭，再隨著馬桶沖走就沒事。又或者，以為在飛機上可以抽電子菸，但因為電子菸會產生煙霧，各航空公司也規定在飛機上不可使用。

不過，凡走過必留下痕跡，觸法[1]事小、飛安事大。希望飛機上的菸灰缸，永遠只是一個預防用的裝飾品，不要再有因為一時僥倖的意外發生。

替我贖身的乘客

乘客在廁所裡偷抽菸常見，但正大光明的坐在位子上抽起菸來，我還是第一次遇過。

---

[1] 民航法 第一百十九條之二
於航空器廁所內吸菸者，處新臺幣三萬元以上十五萬元以下罰鍰。
於航空器上有下列情事之一者，處新臺幣一萬元以上五萬元以下罰鍰：
一、不遵守機長為維護航空器上秩序及安全之指示。
二、使用含酒精飲料或藥物，致危害航空器上秩序。
三、於航空器廁所外之區域吸菸。
四、擅自阻絕偵菸器或無故操作其他安全裝置。
前項第二款及第三款由航空警察局處罰之。

　　當時我才進公司不久，有一次登機前，地勤人員告訴我們，他在櫃檯替一位「怪怪的」乘客辦理登機手續，要搭乘我們這班飛機。因為這班飛機的乘客不多，所以這位「怪怪的」乘客被安排在比較後面的座位，提醒我們多留意。

　　比較後面的座位？那就是在我服務的責任區內囉？正當我心裡這麼想時，座艙長就開口了：「學妹，那這位乘客就交給你嚴加注意了。」

　　從登機開始，我就特別注意這位乘客的一舉一動，他是個大約45歲左右的中年男子，個子不高，瘦瘦的，除了精神看起來有點恍惚之外，其他的都還好。

　　那是一趟國內線的航班，飛機起飛之後，我們很快就結束了飲料的服務。這位座艙長，是個閒不下來的學姐，總是會在服務結束後，不定時的在走道上巡視客艙，而我們身為學妹的，一看到學姐站起來，也只好也跟著站起來，走在她的身後。

　　大約還有十幾分鐘才會開始下降，我想，該是搶在學姐走過來之前，巡視客艙的時候了，而且，學姐還特別交代我，要多多留意這位乘客。還好，我有走這一趟，因為，這位乘客竟然坐在位子上，吞雲吐霧了起來。

　　一時，我不敢相信我的眼睛，還問了一個相當白痴的問題：

「先生，請問您在抽菸嗎？」

「是啊。」，這位乘客一派輕鬆的回答我。

「不好意思，飛機上禁止吸菸。」，這位乘客一聽我這麼說，立刻緊張的把手上抽的半隻菸，直接丟在地板上，然後用腳踩熄。

看到這一幕，我真的傻眼了，趕緊用圍裙口袋裡的溼紙巾把地上的菸蒂撿起來，再用另一條濕紙巾擦了擦地板上的地毯，然後「柔性勸導」這位乘客，在飛機上抽菸不只違法，而且他把菸直接丟在地毯上，是一件非常危險的事。

這位乘客不斷的向我道歉，說他真的不知道飛機上不能抽菸。

難怪地勤人員說他「怪怪的」，看起來，這位乘客似乎精神上有點問題。之後，我往前走，把整件事情的經過，告訴了座艙長。學姐一聽，也覺得真是不可思議，然後，要我在之後的航程，都盯著這位乘客。

「怎麼盯啊？」，我問學姐。

學姐回答：「妳就走過去跟他聊聊天啊！」

聊天？好吧，在學姐的命令之下，我只好走回這位乘客旁

邊，再次告訴他，在飛機上抽菸的危險性。沒想到，這位乘客的話匣子一開就停不了，從他的祖宗十八代，再聊到他的職業、他的地產、他的心情……，我一直維持一貫的笑容，不時的點點頭，給了些安慰的回應。

這位乘客忽然話鋒一轉，「小ㄕㄟ∨，我可不可以把妳啊？」

什麼跟什麼啊？「不好意思，我已經結婚了，而且還有三個小孩。」，我隨口胡謅，希望可以趕快結束這個話題。

「沒關係，我幫妳贖身，看妳尢要多少錢，250萬夠不夠？」，這位乘客在開價碼嗎？

這時，飛機開始下降了，我終於可以脫身了，「先生不好意思，飛機開始下降了，麻煩您把安全帶繫好，我還有工作要做，不能陪您聊天了。」，我匆匆丟下這一句話，趁機開溜。

這位乘客還在我背後大喊，「妳考慮看看喔！如果250萬不夠，回家問妳尢，看看要多少錢。」

我告訴學姐這件事，還開玩笑的怪她給了我這份難搞的差事。學姐聽完笑到不行，還問我要不要認真考慮開個價碼，下半輩子就不愁吃穿。

先前忍住不翻的白眼，我給了學姐。下班後，學姐說，今天給我滿分十分，因為我撫慰了一位心靈空虛的乘客。學姐給我十分的原因當然不是我與這位乘客聊天，而是因為持續觀察一位行為怪異，阻止了在飛機上抽菸的乘客。

空服員在飛機上，隨時隨地都要維持情境察覺，面對不守規定的乘客，也只能以柔性方式勸導，畢竟我們不是執法者。雖然絕大部分乘客在規勸後都會配合，但如果真的遇到不願配合甚至惡言相向的乘客，就只能依照程序，尋找其他乘客當在場證人，報請航警處理了。

乘客選位，位子也選乘客

如果可以，誰想當一個碎碎念的老媽子

現在搭機前，都可以在航空公司的網站上預選座位，但有些座位因為相鄰逃生出口，不是人人都可以坐的。坐在這些座位的乘客，會發現與前方座椅間距比較大，可以讓雙腳有較多的伸展間，但是，這些乘客也必須在發生緊急情況時，協助空服員開門。

如果你在劃位時，剛好坐在這些特定的座位，地勤人員會交給你一張「出口座位旅客須知」，提醒你坐在這些座位的限制以及配合的事項。

上了飛機之後，空服員也會再次對你解釋一次，並且詢問你的意願，而每次我們在執行這個程序的時候，有些乘客都會在空服員還沒開口的時候，就先發制人：「我知道啦，我常常坐飛機，你不用說了，我很熟啦。」

每次遇到這種乘客，我們總是得以微笑回應，然後再對著一個不理你的透明人，把這齣獨腳戲演完。

　　不只如此，每位空服員經過這些座位時，都會不自主地往地上東看看、西看看，如果地上還有行李或包包，也會再次提醒：「不好意思，這排是緊急出口，所以地上不能擺放任何物品。」

　　除了緊急出口外的座位底下不能擺放任何的物品外，各個艙等第一排的座位前，也不能放置行李，除了因為怕阻礙逃生之外，還有一個原因，就是因為無法妥善固定。

　　其實大多數的乘客都很樂意配合，但有些乘客就是任憑空服員說破了嘴，也有千百個拒絕的理由：我的包包裡有很多錢、我的包包很小，不會阻礙逃生、我坐其他家的飛機都不用，為什麼你們公司就要……我還遇過一位坐在第一排的女性立委，因為我堅持請她把她那貴重的柏金包放到上方的置物櫃，遭到她一頓冷嘲熱諷：「妳知道為什麼我現在很少坐你們家的飛機了嗎？因為你們的規定太機車！」

　　要說心情不被影響，講真的，不是一件很容易的事。但飛久了、遇多了，就容易釋懷。只能告訴自己，我只是在做自己該做的事，每個行業都有「來自澳洲來的客人」，只要對得起自己的良心，就夠了。

令人傻眼的強國歐爸

當空服員拿著「出口座位乘客須知卡」，對坐在緊急出口的乘客講解完畢之後，有些乘客會認真的閱讀，但真正「身體力行」的乘客，就讓所有人傻眼了。

我的一位學弟就遭遇過這種令人哭笑不得的經驗。

位於機翼旁的緊急窗
(Airbus空中巴士A320機型)

那是一班載滿陸客的包機，當飛機正要準備關門時，他忽然聽到一陣框啷大響從客艙中段傳來，在他還沒走到逃生窗的時候，其他的空服員已經前往查看了。等到他到達事發現場，只見那幾位坐在逃生窗的乘客全都站了起來，其中一位，雙手還拿著搬下來的逃生窗，問我的學弟：「這該往哪兒放？」

　　這下可好了，飛機不用關門了，所有乘客因為這烏龍事件，全部都被迫下機，直到機務人員將這無辜被卸下來的逃生窗，重新裝上、檢查過後，才能讓乘客重新登機，這個航班，也因此延誤了將近三個鐘頭。

　　沒有人想到，這逃生窗的重量超過15公斤，連平常經過訓練的空服員都要費九牛二虎之力，才能將它搬下來，這位大叔，竟然不費吹灰之力，就硬生生的拆了這緊急窗。問這位大叔為什麼要把逃生窗搬下來，他怯生生的回答：「我只是要練習練習嘛，哪知道這麼容易就搬下來了。」

　　所幸，這種機型的逃生窗沒有配置逃生滑梯，如果配置逃生滑梯的話，一旦開啟了，逃生滑梯就會自動充氣。

　　充氣過後的逃生滑梯，是不能夠重複使用的，一組新的逃生滑梯的價格大約是一百萬，航空公司除了可以向乘客求償外，如果有人正好站在出口外，滑梯充氣的力道，足以讓人致死。

　　因此，這些開啟出口的方法，僅須牢記在心，毋須真正操作，因為這一打開，就回不去了。

出口座位旅客須知

　　如果您被安排坐在緊急出口的座位，但不了解劃位人員或客艙組員的解說，或不明白出口座位旅客須知的內容，或於閱讀乘坐於出口座位的各項協助事項後，因為某些因素無法提供協助或無協助意願，敬請告知劃位人員或客艙組員，我們將為您更換座位。

　　為確保客艙安全及遵守民航法規的相關規定，緊急出口座位旅客需符合下列選擇標準：

1. 雙臂及雙腿有足夠體能、活動力及機動性執行下列事項：

　　(1) 可向上、向旁及向下觸及緊急出口，並操作緊急出口裝置；

　　(2) 能抓、推、拉、轉或以其他方式操控機械裝置；

　　(3) 能推撞或以其他方式開啟緊急出口；

　　(4) 能迅速到達緊急出口；

　　(5) 當移動阻礙物時，能維持平衡；

　　(6) 能迅速撤離；

　　(7) 能穩住充氣後之逃生滑梯；

　　(8) 能協助他人脫離逃生滑梯；

2. 年齡大於15歲者。

3. 無需在他人的協助下就能執行航空公司所賦予之協助事項者。

4. 了解航空公司所提供書面（或圖示）有關緊急撤離之說明或組員口頭指令者。

5. 沒有視力障礙，能順利執行航空公司所賦予之協助事項者。

6. 沒有聽力障礙，能順利執行航空公司所賦予之協助事項者。

7. 能適時地傳遞訊息給其他旅客者。

8. 無需照顧幼童或其他隨行者。

9. 不會因執行被賦予之協助事項而遭致傷害。

　　在緊急狀況發生，而組員無法協助的情形下，就坐於緊急出口座位旅客請您在航機疏散時，協助執行下列事項：

1. 確認並就坐於緊急出口座位。

2. 能辨識打開緊急出口之裝置、了解打開緊急出口之說明及開啟緊急出口。

3. 遵守組員口頭指引、手勢，以協助機上旅客完成撤離準備。

4. 確認逃生滑梯是否可正常使用，並協助旅客以逃生滑梯

撤離。

5. 評估、選擇一條安全逃生路徑儘速遠離飛機。

感謝您對民航法規的遵守與對客艙安全的協助。

如果您無協助意願或無法提供上述協助，請通知劃位人員，我們將為您更換或重新安排座位

空姐 飛 常不簡單
我的空服生涯全紀錄

.Chapter.
4

擺渡人的修行

Remain Calm~~

一位乘客，因為不滿睡覺時被空服員吵醒詢問要吃什麼餐點，以「加強訓練」為由，要求座艙長送餐10次，事後，座艙長深感屈辱，心理受創，最後離職。

　　另一名乘客，在降落時，堅持要把電影看完，不願把螢幕收起來，即使事後空服員低聲下氣地要求、道歉，還是大發雷霆，要空服員給個交代。

　　但還有一位乘客卻在臉書分享，一位空服員不小心將果汁打翻到他身上，緊張地一直道歉，過一會，座艙長也前來道歉。之後，送餐時，又有另一位空服員在他面前掉了一堆餐盤。但這位乘客卻認為，大家都是在錯誤中進步成長的，每個人都是這樣長大的，小事一樁，不必得理不饒人，小題大作。

　　The greater the man, the greater the courtesy；越偉大的人，越有禮貌，也更有同理心。

　　我在發餐時，曾遇過因為只剩一種選擇而破口大罵的乘客；也在飛行中，遇過原諒我將三杯番茄汁打翻在他身上的乘客。

　　擺渡人，指的是用篙、槳等人力操作往返載運的船夫。

　　曾經有一位篤信佛教的學妹跟我說，她喜歡空服員這個職業的原因，是因為自己像個擺渡人，把乘客從啟程地平安的送到目的地，也是一種行善的方式。

　　每天飛行，面對各種形形色色的乘客，要練就到一身「微笑對奧客」的功夫，的確不容易，但只要從事服務業，就得接受。我相信善良、將心比心的乘客，絕對比奧客多很多。

網路傳言大揭密

我可以拒絕回答嗎？

飛了十幾年，我最自豪的，就是因為工作而訓練出來的二頭肌。在飛機上，女人當男人用，男人當畜牲用，這話說的一點也不為過。但女人終究是女人，生理期來的時候，還是會有不舒服的感覺，而我就是那種每次都痛到在床上打滾，甚至還要到醫院打止痛針的人。

如果工作時還碰到好朋友來拜訪，那更是痛苦，送餐時每一次的蹲下起立，都會感覺到那一股暖流，像小瀑布嘩啦嘩啦地流下，三不五時還要順便利用清理廁所的名義，插隊進廁所迅速換上乾淨的衛生棉，就怕制服被滲透出來的經血染色。

有一次，我又是在飛機上痛到一個不行的狀態，吃了兩顆止痛藥，勉強撐到下班。下班後，同事看我臉色慘白、整個人呈現虛脫的樣子，等不及換下制服，陪著我趕快到醫院掛急診。

　　到了醫院的急診處，掛了號之後，我們坐在診間等著醫生來問診，那天的急診室裡，沒有太多的病患，等沒多久，為我看診的醫生就來了，醫生很親切的問：「怎麼了？」，順便偷偷打量了我一眼。

　　「生理痛。」，我虛弱的回答。之後醫生要我抽血、驗尿，做一些基本的檢查。

　　在等待檢查報告的同時，我像個毛毛蟲一樣，癱軟的坐在輪椅上，親切的醫生又走過來了，「還好嗎？如果真的很痛，要不要打一支止痛針？」

　　「好，謝謝。」，我十二萬分感激的說，很好，這就是我來急診的目的啊。接著，這位醫生在我旁邊繞啊繞的，吞吞吐吐的，一副想說什麼又不太敢開口的樣子。我心想，難不成是我的報告有什麼異常嗎？

　　終於，這位醫生還是忍不住問了：「請問妳是空姐嗎？」

　　我穿這身制服想說謊也騙不了人，只好點點頭承認。接下來，就是一連串傳聞中惹惱空服員的大哉問了。

　　醫：妳哪一家的啊？
　　我：遠東

醫：妳都飛國內還是國外啊？

我：都要。

醫：那妳都飛哪一條線啊？

我：每一條線都要。（包括我臉上的三條線）

醫：那妳去過很多國家吧？

我：還好，大部分都是當天來回，所以只去過機場。（可以不要再問了嗎？）

醫：那妳們月休15天以上吧？

我：沒有。

醫：那幾天？

我：8到9天

醫：真的那麼少嗎？

我：*&%$<@>……

我的回答越來越敷衍。

終於，檢查報告出來了，太好了，可以暫時停止這問答遊戲了，醫生接過我的報告，看了一下，忽然發現新大陸的說：「咦，妳有血尿耶！」

這時的我已經無法顧及我的專業形象了，對著他大聲的說：

空姐飛常不簡單
我的空服生涯全紀錄

「醫生，我生理期，是因為生理痛才來急診的⋯⋯」

嗯，非常尷尬。

這位年輕的醫生一時之間也不知道要怎麼接下去，一陣沉默之後，他說：「那妳先休息，等一下如果沒有不舒服的話，領了藥，就可以回家了。」，然後靜靜的轉身離開。

「妳傷了他的心。」，目睹這一切的同事，幸災樂禍地說。

我知道一般人認識的空服員不多，也很好奇空服員的工作內容與性質，以上這些問題，是每個人都會問的，雖然回答了上百次，有點厭煩，但還不至於到令人抓狂的地步。

哪些問題才會真正讓空服員抓狂呢？根據我不負責任的調查，整理出下面四大惱人問題：

1.「你們月入十幾萬吧？」

事實上，空服員的薪資結構，包含了底薪、飛行加給及差旅費，頂多加上一些免稅品獎金。現在新進的空服員薪資，比我二十年前剛進航空公司的薪資還低，這二十年，我的平均月薪大約6到7萬元。

現在的新進空服員，薪資並沒有像新聞報導那麼高，地面訓練時，只能領最低薪資，空中訓練完成後，還得經過三個月的試

用期，才能夠領到「完整」的薪水，算一算，要先撐過半年平均大約四萬元的薪水，在這半年中，稍有差錯，就可能bye bye了。而且，空服員的底薪大約是兩萬多，年終獎金，只以底薪來計算。

2.「跟你們買機票有沒有比較便宜？」

很抱歉，真的沒有，跟航空公司買機票還不如跟旅行社買來得便宜。

3.「可以幫我買菸嗎？」

空服員通常沒有時間逛免稅商店，還有些航空公司規定在值勤時，不能購買機場免稅商品。最重要的是，根據中華民國海關免稅規定，空勤人員每人只能帶五包菸。所以，我從來不幫朋友買菸。

4.「可以幫我介紹空服女友嗎？」、「可以找你的同事出來聯誼嗎？」

我都會告訴我的男性朋友，我又不是婚友社。

5.「妳是空姐？（驚訝狀），那妳英文一定很好吧！」

關於這個問題，我真的不知道該怎麼回答，「好」的定義是什麼？雖然現在報考空服員都要繳交多益成績，不過，每一家航

我們不是拜金女，只是在飛機上工作而已！

空公司規定的分數都不一樣，我只能保守的說，至少在飛機上要
用到的英文，還行！

　　不是每個空服員都是大和拜金女，在飛機上，也很難有什麼
美麗邂逅，更別說什麼容易嫁入豪門了。像我，下了班之後，哪
兒也不想去，只想直接回家卸妝睡覺，休假時，也是標準的腐女
一枚，可以連續好幾天大門不出、二門不邁。其實絕大部分空服
員的真實生活，就是這樣。空服員真的不是什麼夢幻行業，我

想，這一切，應該都是制服惹的禍。

學姐的威嚴，不容挑戰

關於空服員這個職業的傳聞很多，有的真、有的假。傳言中「職場霸凌之學姐好兇」在國籍航空公司倒是有幾分可信度。

國籍航空公司的空服員之間，都以學長姐、學弟妹互相稱呼，雖然不是每一位學姐都很兇，但剛進來的菜鳥，聽多了傳聞，每個人上飛機一定都是戰戰兢兢的。還在地面受訓時，每位講師都會諄諄教誨我們，以後上了飛機，只可以回兩句話：「是，學姐。」跟「對不起，學姐。」，千萬不要試圖解釋，否則一律都被當作「頂嘴」。

除了不能頂嘴之外，還要「有禮貌」，看到學長姐遠遠走過來，就要大聲問好，如果太小聲，學長姐沒聽到，也算沒問好。然後呢，下次當你跟不認識的學長姐飛的時候，學長姐一聽到你的名字，就會對著你冷笑，「喔，你就是那個誰誰誰啊。」，這時，你自己就該明白，接著這一整趟航程，皮要繃緊一點、罩子可要放亮一點了。

我就遇過一次永生難忘的經驗。

那是一個颱風天，班機有的取消，有的沒取消，上了飛機，

一下說要飛，一下又說不飛。我身為最資淺的學妹，時時刻刻都要注意最新消息。如果要飛，報紙、點心、飲料就要立刻擺出來，等待乘客登機；如果不飛，這些東西全部都要鎖在餐車裡，再盤點數量、寫在交接本上。

那一天就這樣要飛不飛的，東西擺出來了之後，再收起來，下飛機。之後又說要飛了，又再上飛機把東西又擺出來。最後，公司還是決定取消這班飛機，老天爺啊，您根本就是折騰我這個菜鳥嘛。

不過，精彩的還在後面。

雖然很多班次都被取消了，但所有的空服員還不能下班，必須到樓下的報到中心先待命，看看後續的任務有沒有異動。我們一組人下了飛機之後，一進報到中心，ㄇ字型的沙發上大約坐了30位的學姐吧，坐最正中央的學姐雙手交差在胸前，首先發難，食指指著我說：「學妹，妳叫什麼名字？剛剛進來的時候，為什麼沒跟所有學姐打招呼？」

該糟，我心想，我連自己什麼時候進來過都不記得了。這時候，裝傻也不是，解釋也不是，算了算了，反正我臉皮很厚，深吸了一口氣……

「學姐們好，我叫做王麗婷，是38期的學妹，不好意思，剛

剛沒跟學姐們打招呼，希望學姐們見諒。」，話說完我還順便鞠了個躬，以示尊敬。

「嗯，這才對嘛，以後看到每位學姐都要打招呼，知道嗎？」，坐中間的學姐似乎放過我了。

「是的，學姐。」，我裝的像小媳婦見公婆一樣乖巧。然後，學姐們又開始繼續聊天，還讓出一個位子，叫我一起聊天。

之後，我才知道，原來我的際遇，比起以前，根本不算什麼。有位早我兩年進公司的學姐說，那時候，有個不成文的規定，新進空服員一律只能留學生頭，盤髮，是學姐的專利。還有人在PTT提問，聽說新進空服員要先向學姐「下跪奉茶」，才能順飛。

雖然現在早就沒有這些可笑的事了，但國籍空服的學長姐制仍然存在著。對我而言，學長、學姐、學弟、學妹，只是個職場上先進後輩的稱謂。人與人相處，最重要的還是相互尊重，一個不懂得尊重別人，只會倚老賣老的學長姐，或對他人大呼小叫的主管，充其量，贏得的，也只是表面上的巴結而已。

說好要一起的，為什麼你卻鬆開你的手？

最近在網路上火紅的「空姐忙什麼」第四集，無論是不是空

服員，裡面的內容，都讓人笑到快彎腰。「一起好嗎？」，這是搭乘國籍航空公司才會有的特殊禮遇，我也不懂，為什麼自己帶上來的行李，要求空服員放上置物櫃，在台灣，會被乘客認為是天經地義的事。

影片中的空服員，因為不敢拒絕乘客的要求，找了其他同事合力一起搬那個「夭壽重」的行李，還問說，這裡面到底裝了什麼？難道是石頭嗎？結果，真的是石頭。

裝石頭不稀奇，我有一位他航的空服朋友，幫乘客處理的行李，裡面裝的是一顆大西瓜，她當場傻眼，自己竟然搬了一顆大西瓜放上行李架。我還幫忙過一個阿兵哥，他的行李是一個長形的軍用包，只能夠橫著放，不能直的擺，也塞不下他前面的座椅下。偏偏那班飛機又客滿，兩三個空服員都在幫他找空位，但他附近前後左右上方的行李箱都塞爆了，我只好請他把一些東西拿出來，再給他一個購物袋裝那些拿出來的物品。

我們真的很好奇，問他的行李到底裝了些什麼，難不成是搬家嗎？然後，那阿兵哥很不好意思的，慢慢的，從他的軍用包裡，拿出一個超大的臉盆。我們幾個女空服員一看到那個大臉盆，當場笑到快暈厥，可憐的國軍弟兄滿臉脹紅，而我們，還停不下笑，就連發飲料時，和他對到眼，又開始忍不住笑。

但我有兩位同事，他們的故事，可一點都不好笑。

2006年，那兩位同事因為一件關於行李的事件而被誣告。

那位女士自稱：兩位空服員在協助其他旅客將大件行李抬上置物櫃時，失手滑落，行李砸到她，造成她左眼失明，控告兩人業務過失致重傷害罪，並求償新台幣1500萬元。

經過調查之後，在場的所有人，都可以作證，我的同事只是在搬運行李的過程中，手不小心碰到那位女士的左臉而已。更離譜的是，照片裡那位女士臉上的瘀青，還是用化妝品畫出來的。最後那位女士被檢方以誣告罪偵辦，才還給我那兩位同事清白。

每一家航空公司有隨身物品的尺寸、重量限制，飛機上所有可以擺放物品的櫃子，包括座椅上方的的行李櫃，也都有載重限制。先不說空服員因為幫乘客抬行李所造成的職業傷害，就算乘客自己擺放，也有可能因為行李太重，不小心掉下來，砸到其他乘客。

其實每位空服員都會協助乘客擺放行李，尤其是年長的、懷孕的或是帶小朋友的媽媽，但是，空服員真的不是天生就力氣大的啊。最可怕的是那種，答應了你一起放之後，卻在抬上置物櫃那一剎那鬆手的人，預料外來的重量，手扭到還算好運，最怕的是連腰都閃到了。

為了自己也為了別人，還是遵守規定吧，超過規定的行李麻

煩請託運。這樣一來，你輕鬆、我輕鬆，大家都輕鬆，不是很好
嗎？

真心話大冒險

姐不是好惹的

大家都知道飛機上的走道不寬，尤其是經濟艙，大概只能勉強兩個人側身而過，所以空服員都被教育過，在走道上，當黑羊遇到白羊時，一定是背對迎面而來的人，一隻手護住胸前，以保護自己。

不過這些動作，也只能防君子，不能防小人。在飛機上的確會碰到一些乘客，對空服員吃吃口頭上的豆腐或是真的伸出鹹豬手。

其實，被性騷擾不只是女性空服員所獨有，有報導指出，近兩成「男性」空服員也會受到性騷擾。除了身體接觸，例如觸摸、強吻或擠捏這些行為外，「色瞇瞇的凝視」、涉及性的非言語暗示，也會讓空服員感到不舒服。

2015年，有一位知名的南韓歌手，在仁川飛往美國舊金山的

班機上，喝醉失控大鬧，不僅對空服員說些帶著性暗示的話語，還趁機上下撫摸空服員的腰，下飛機後立刻被警方逮捕，也讓這位知名歌手的形象一夕掃地。

2012年在國內也發生過一起乘客性騷擾空服員，在落地後被移法送辦的事件。一架國籍航空從高雄飛往金門，一名男性乘客多次拉扯空服員，還試圖擁抱這名空服員，多次勸阻不聽，連其他乘客都看不下去了，於是機長用無線電通知航警處理，一落地就把這名誇張行徑的乘客送進航警局，還導致飛機延遲了40多分鐘。

飛機上只有一位這樣的乘客，就已經夠讓人頭痛了，假如遇到整架飛機都是這樣的乘客，該怎麼辦？我只能說，遇到我，算你踢到鐵板。

有一條航線，飛機上清一色都是男性，領隊也不諱言，這些客人就是俗稱的「買春團」。乘客陸陸續續登機，我站在機門口，說著歡迎登機，順便注意有沒有已經蠢蠢欲動的乘客。

「小ㄗㄟˇ，有沒有蘋果？」，一位乘客態度輕浮、嘻笑的問我。

我用自認甜死人的微笑裝傻回答：「不好意思，飛機上沒有提供新鮮水果耶。」

乘客不死心，繼續笑著說：「可是小ㄚㄟˇ，我想吃蘋果耶。」

　　我還是繼續裝傻，「不好意思，飛機上沒有蘋果耶。」，慢慢的收起我的笑容。

　　「我的朋友的意思是，有沒有X果日報啦。」，乘客同行的友人看我的臉色開始轉而嚴肅，幫忙解釋。

　　我當然知道這個蘋果，指的是X果日報，但姐是有練過的，所以，我還是正經八百的回答：「真的不好意思，我們沒有X果日報，但是您可以看看其他的報紙。」

　　這兩位乘客看我沒什麼特別的反應，自討沒趣，便隨手拿了一份報紙，往機艙後面走了。

　　送完餐之後，我習慣性地從飛機前面走到後面，巡視一下客艙，就在我往回走的時候，忽然，我的屁股被人「重重的」拍打了一下，這絕對不是不小心碰到的。我忍住怒火，冷靜的轉過身，站在走道上，對著我身後幾排的乘客質問：「請問是誰打我的屁股？」

　　是在玩一二三木頭人的遊戲嗎？我一轉身，這些乘客們個個像做錯事的小孩，心虛的低著頭，我的反應應該出乎他們意料吧。就這樣，僵持了十秒鐘，沒人敢承認，也沒人敢抬頭看我。

　　還有一次，一位強國籍的北北，在我經過他座位時，老是用手拍我的臀部，外加調戲的口吻：「漂亮的小姐，可不可以來杯白水？」或是「小姑娘，我們還有多久才到啊？」

　　在他拍了第三次的時候，我笑嘻嘻的和他說：「北北，您需要什麼，可以用說的，但您這拍打我臀部的行為，在台灣，可是會被解放軍抓的。」

　　恐嚇奏效，台灣哪來的解放軍啊？不過，之後這位北北，再也不敢亂碰我了。

Lost & Found，什麼都不奇怪

　　低成本航空公司的空服員與傳統航空公司空服員的工作內容，最大的差異就在於「清掃客艙」。沒錯，為了節省成本，在乘客下機之後，從清理座椅前的口袋、排整安全帶、清掃地毯，樣樣都得空服員自己來。

　　雖然我沒有在低成本航空公司當過空服員，不過，也有過清掃客艙的經驗。因為那是在暑假期間才有的特殊包機，目的地是太平洋裡的一個海島渡假村，是一種提供旅客全包式的假期，小島上沒有清潔客艙的公司，所以這檔事當然就由空服員包了。

　　飛機上有六位空服員，清掃的責任區依照分配，一個人大約

負責6排的座位。到了目的地之後，離回程的起飛時間只有一個小時，而登機時間是在起飛前20分鐘，我們只有40分鐘可以準備，所以大家都用最快的速度，先把口袋裡的垃圾拿出來，集中放在靠走道的座椅上，再拿一個大垃圾袋，由後往前收。

口袋裡的提供的刊物也要按照順序排列好，第一張是安全需知卡、然後是免稅品目錄、再來是機上雜誌，最後是嘔吐袋。嘔吐袋還要開口朝上，才能方便快速目視有沒有被使用過。

有一個嘔吐袋，外觀有點皺皺的，像是被使用過，又好像沒有，為了慎重起見，我還是把這個嘔吐袋拿了出來，接下來的動作，讓我自己後悔不已，到今天為止，我還是不解，自己為什麼要那麼無聊，打開那個看了想吐的嘔吐袋。

「啊~~~~」，我的尖叫聲引來所有人的注意，大家都放下了手邊的工作，跑到我這，看看究竟發生了什麼事，我拿著那個嘔吐袋，嚇的趕快把它丟到地上。

「幹嘛？你撿到黃金了嗎？」

「裡面是什麼啊？嘔吐物嗎？」

「蟑螂嗎？」

「裡面到底是什麼啦？」，同事好奇的七嘴八舌地問我。

　　我喘了口氣，心有餘悸的回答：「是一個用過，而且還有殘留物的保險套。不相信的話，你們自己打開來看啊」

　　同事們一聽到我的回答，紛紛露出跟我一樣想吐的表情，直說太噁心了，但當然，沒有一個人想打開來看。就連黃金屎也沒有這個來的令人作嘔，當場，我真的想剁掉自己的手。

　　另外特別值得一提的，是一件36D、泛黃的白色大胸罩。

　　在乘客下機後，我的同事就在某個座位上，撿到它。要不要當遺失物處理呢？真叫人為難。這時機長出來了，對，機長最大，讓機長決定好了，我們暗自竊笑。

　　於是，我們站在那，呼喚著機長：「機長機長，您可以過來看看嗎？」

　　可愛的機長不疑有他，以為是什麼重要大事，非要他親自過來不可。

　　我的同事用大拇指跟食指，捏著那件胸罩的邊緣，在機長面前晃啊晃的，「我們無法決定這個東西要不要當遺失物品處理耶。」

　　機長看到時睜大了眼睛，口齒不清的說：「這、這、這什麼跟什麼啊，怎麼會有人把這個東西留在飛機上啊？丟了丟了，別

讓我長針眼。」，之後頭也不回的就走了。真是笑死我們了。

乘客掉在飛機上的東西真的千奇百怪，撿到手機、護照、錢包等等小東西是常有的事，不過我也見過連自己的登機箱都忘了帶走，之後又回飛機上找的。還有一位離譜的丈夫，在飛機關門前那一刻，才在找老婆，令人啼笑皆非。

但如果真的在飛機上忘了把重要的東西帶走，還是可以跟航空公司連絡，告知搭乘日期、航班、座位號碼、遺失物的外觀及內容物，越詳細越好，才能夠讓心愛的遺失物品快快回到主人的手中。

空服員的OS

相信從事服務業的朋友，在面對奧客的時候，多半都怕得罪顧客，而選擇微笑以對，敢怒卻不敢言，所以心中都有許多圈圈叉叉。

一樣的客滿班機、一樣爆滿的行李、一樣的座位大風吹，在炎熱的暑假週末，飛機裡的冷氣一樣不怎麼強，領隊急著和你確認特別餐名單、要撲克牌，乘客要你幫他留十條菸，這裡要枕頭、那裡要毛毯，我的制服也已經濕到前胸貼後背了，臉上的妝也花得差不多。

坐在最後一排的乘客忽然抱怨……

客：為什麼我們要坐在最後一排？

我：不好意思，今天客滿，可能沒辦法幫您更換座位（心想：我又不是電腦，我怎麼知道為什麼？）

客：你確定今天客滿嗎？連一個空位都沒有？

我：真的客滿，待會關門前再幫您確認一次好嗎？

接著，一家四口，沒坐在一起的團客又怒沖沖的跑過來說：「小姐，你們也太誇張了，我們一家人，座位全都被拆開，你們怎麼劃位的？」

我：不好意思，我馬上幫您問一下有沒有其他乘客願意跟您換位子好嗎？

終於幫這位乘客的太太及兩位小朋友換好了，這位爸爸還是不滿意，「換個位子換這麼久，我站在這裡，飛機又這麼熱，你連一杯水也沒倒給我，服務也太爛了吧！下次要我坐你們家的飛機，卬咖霸啦！」

我的OS瞬間大爆發：有種，你這次就不要坐！但其實沒種的是我。

我：真的很抱歉讓您等這麼久，您口渴嗎？我現在馬上幫您

倒杯水。

飛機關了門，我告訴那位坐在最一排的乘客，真的客滿。這位乘客還懷疑的問我，「小姐，妳確定嗎？」

我用一種非常抱歉的語氣跟表情回答：「不好意思，真的客滿啦。」，拜託，我看了乘客名單好嗎？客滿就是客滿，我有必要騙你嗎？

發餐的時候，還有一位乘客問我：「你們的雞肉麵的麵是哪一種麵？」

我跟這位乘客說：「不好意思，是白麵條，不是油麵。」，解釋清楚一點總是比較好。

這位乘客又問我：「是寬麵還是細麵？」，真是個好問題，依照我的判斷，應該不算細麵，所以回答他，是寬麵。

之後這位乘客開始陷入一陣沉思的狀態，我只能先問他隔壁的乘客想吃雞肉麵還是豬肉飯。這位乘客應該決定好了吧，於是我笑笑的等著他的答案。

這位乘客說：「那我要雞肉飯。」，我的OS又再度爆發，我說的不夠清楚嗎？雞肉配的是麵，豬肉配的才是飯，沒有雞肉飯、沒有雞肉飯！！！

　　但以上純屬想像，我還是耐心微笑的解釋：「不好意思，今天的餐點是雞肉、麵，跟豬肉、飯，請問您喜歡吃哪一種？」

　　乘客很快地決定了：「好吧，那就飯吧」，那你剛剛問我一堆麵的問題是問心酸的嗎？

　　之後，究竟還是遇到了每趟都要面臨的窘境，我對著下一位乘客說：「不好意思，雞肉麵都沒有了，吃豬肉飯好嗎？豬肉飯也很好吃喔。」

　　還好這位乘客沒有發飆，他只酸溜溜的說：「你都說只剩豬肉飯了，我還能有什麼選擇？」有啊，您還可以選擇吃或不吃……

　　我一直在猶豫，到底要不要把空服員心中的圈圈叉叉寫出來，寫了，會不會讓人以為空服員就是愛抱怨；但不寫，又無法呈現真實面。是啊，我就是這麼一個對一件簡單的事，會想很多的人，這也算職業病的一種吧。

　　寫吧，空服員也是人，心裡難免也會有些OS，每個人都需要紓解工作壓力嘛，只要在下班的時候，得到乘客的一句：「辛苦了，謝謝你們。」，一天的辛勞也就隨之而去了。

那些年一起飛過乘客們

薑還是老的辣

新進空服員，最怕的就是在試用期的時候因為經驗不足，不小心引來的客訴。在地面訓練的時候，服務類的課程裡，講師也會拿一些客訴的例子當教材，教導新進空服員面對各種疑難雜症，該怎麼做、如何巧妙的回應乘客，避免客訴上身。

同樣一句話，從不同人的嘴裡說出來，給人的感受就是不一樣。或者，要達到同樣的目的，用哪些話術可以讓乘客欣然接受。

在國內線的全盛時期，幾乎每個小時就有一班台北-高雄的班次，早上第一班飛機提供熱騰騰的包子，中午、晚間的用餐時間還有像炒烏龍麵、炒米粉這類的輕食。雖然在短短不到50分鐘的國內線要完成這些服務，真是讓空服員忙翻了，不過，想起以前，還真令人懷念。

鋁箔包果汁加上一個小點心，是從前國內線乘客懷舊的滋味，在餐車上，我們會擺放至少兩箱不同的飲料。餐車裡，也會擺上幾箱鋁箔包飲料備用，資淺的那一位，必須隨時注意餐車上的飲料數量，如果快發完了，就要趕快從餐車裡搬出另一箱飲料補充。

如果遇到只剩一種飲料時，該怎麼辦？上課的時候，講師教導了應變的方法，例如：跟走道上另外一台餐車交換飲料或者回到廚房再搬另一種飲料，但還是有許多狀況是課堂上沒教的。

最後一班的航程，通常飲料的選擇已經不像前幾班那麼多了，起飛後，請扣安全帶的指示燈熄滅後，我換上圍裙，進到廚房裡，準備飲料點心的服務。打開餐車，哇，只剩三箱，其中有兩箱是統一麥香紅茶。

我告訴和我推同一台餐車的學長，果汁只剩一箱，等一下要麻煩他向另一台餐車借一些果汁過來，學長表示沒問題。

還沒發到一半，果汁就發完了，學長馬上英勇的從前面那台餐車搬了一箱果汁過來，發呀發的，紅茶還是乏人問津，沒多久，果汁又發完了。而前面那台餐車，也一樣，只剩紅茶。

我偷偷問學長，該怎麼辦，學長一副老神在在的樣子，用眼神告訴我，看我的。然後對著下一位乘客說：「請問您想喝統一

紅茶還是麥香紅茶？」

什麼？這樣也行？統一紅茶跟麥香紅茶不是一樣的嗎？更何況，飲料包裝上還大咧咧的寫著「統一麥香紅茶」。既然學長都這樣問了，我也就跟著這樣心虛的問。

妙就妙在，沒有一位乘客發現「統一紅茶」跟「麥香紅茶」根本就是同一種飲料，該說那班乘客是佛心來著還是真的沒人發現？總之，那趟航程，沒有乘客抱怨。

比起國內線，如果國際線的熱餐沒有選擇的話，就沒有那麼容易解決了。

有一位乘客，因為沒有選擇而大發雷霆，「為什麼輪到我就沒有選擇了？難道我坐在這裡算我倒楣嗎？我是次等乘客嗎？算了，我不吃了！」乘客賭氣的說。

我好說歹說，像媽媽哄小孩一樣，只差沒跪在地上求他吃，但這位乘客很有骨氣的堅持不吃就是不吃。我只好向座艙長報告這件事，座艙長也是像那位學長一樣，給了我一個「放心，包在我身上」的回答。

過了十五分鐘，我再次走向那位乘客，我沒看錯吧？他竟然正在笑咪咪的享受他的餐點。我問了學姐，究竟對他說了什麼？可以讓這位乘客乖乖吃飯？

還是菜鳥的時候，總是要
不斷學習資深學長姐的EQ
跟應變能力！

　　原來，學姐把她自己回程的餐點拿出來，熱給這位乘客吃，
但為了怕其他人也效法，還跟乘客說，這是他才有的特殊禮遇
喔，不可以跟其他人說。

　　這兩件事情，讓我不得不佩服資深學長姐的EQ跟應變能
力，在空間狹小的飛機上，資源有限，飛久了，就學會了「窮則
變、變則通」的道理，看來，用青春累積的年資與經驗，在服務
業還是挺重要的。

乘客們送的禮物

　　有的乘客，的確會為了追求空服員而送些小禮物，要收不
收，自己決定。我有一位學妹，就在飛機即將起飛前，收到一份
無法拒絕的禮物。

那位乘客應該超過60歲，坐在第一排靠走道的位子，雖然走路的速度有點慢，但看起來還算健康，說話也很客氣，一上飛機之後，就和我要了一件毛毯跟一個紙杯，當然啦，小事，我立刻就送過去了。

　　那天的天氣很好，登機也很順利，飛機準時關了門。空服員們做完安全示範後，做好了客艙內的安全檢查，我那位學妹回到座位上，坐在我旁邊，告訴我，那位1D的乘客剛剛送了她一個禮物。

　　「真的嗎？是什麼？那妳收了嗎？」本著女人八卦的心態，我問她。

　　「我不能不收。」，學妹無奈的看著我。

　　我更好奇了，「到底是什麼啊？快跟我說啦。」

　　學妹嘆了口氣，說：「一個紙杯。」

　　「紙杯？是不是他一上飛機時跟我要的紙杯啊？」我問她。

　　學妹接著說：「對，而且紙杯裡裝的是快滿出來的尿。」

　　啊，尿？我沒聽錯吧？原來那位乘客跟我要毛毯跟紙杯，是為了在毛毯裡「小解」？學妹說，那位乘客非常客氣的，請她幫忙丟一下紙杯，她一時沒多想，直接用手接了這個紙杯，直到一股溫熱傳到她的手指頭，低下頭一看，才驚覺這個紙杯盛滿了淡黃色的液體。為了怕那杯尿灑出來，她還小心翼翼的用兩隻手端著走到廁所，再倒入馬桶沖掉。

　　類似這種需要徒手收取的禮物，還真的不少，像是嬰兒的尿布、擤完鼻涕的衛生紙、茶葉蛋的蛋殼、啃完的瓜子、花生殼……，但基於衛生考量，畢竟現在的傳染病那麼多，下次您要送空服員禮物時，可否幫忙包裝一下，放在嘔吐袋裡，再交給空服人員，感恩喔。

牽手

　　飛行中，溫馨的故事絕對比惱人的故事多很多。

　　在台灣搭乘飛機出國的旅客，還是以本國籍的居多，習慣了本國籍乘客的許多「理所當然」，遇到有同理心的乘客，都是支持空服員繼續工作的動力。

　　印象中，那也是客滿的班機，一位先生在我忙完的空檔時，告訴我，他和她的太太這趟旅行的目的是要度蜜月的，上了飛機之後，發現一個人坐在C的位子，另一人卻坐在D的位子，雖然兩人的登機證上看起來是坐在一起的，但實際上卻是隔了一條走道。

　　這種事，一定要喬的啊，我一位一位詢問了附近的乘客，但大家都是攜家帶眷的，沒人願意被拆散，其他的空服員也過來幫忙詢問，就是沒有人願意更換座位。眼看著飛機就要關門了，這對新婚夫妻看我們四處詢問，很不好意思的表示，如果沒有辦

法，也沒關係。

我覺得很愧疚，答應他們，等飛機起飛之後，一定會再幫他們問問看。這對新婚夫妻，直說沒關係，只隔一條走道，航程只有三個多小時，一下子就到了。

起飛之後，還是沒能如願幫他們換到坐在一起的位子，我一直對他們說抱歉，這位太太跟先生一樣，還是很客氣的告訴我，真的不要緊，他們這樣也很好。

送完餐、賣完免稅品之後，所有的乘客幾乎都在睡覺，客艙呈現一片寂靜。我想，既然去程不能幫他們換好位子，總是還有什麼可以替他們在回程做的吧。於是我走向這對夫妻，想要問他們回程班機的日期，可以寫在報告上，幫他們先公司預訂坐在一起的座位。

這對夫妻，隔著走道，手牽著手，看著對方，有說有笑的。快速的問了他們回程班機的日期之後，我回到廚房，遠遠的看著他們，同事們也很有默契的，在巡視客艙的時候，走到這對夫妻前幾排，就自動回頭。接下來的航程，除了要讓其他的乘客通過之外，他們的手，一刻也沒有分開。

所有的同事們看了，都覺得好幸福喔，也在心裡祝福他們，就這樣一輩子牽著手，永遠永遠。

　　另一位讓我難忘的乘客，是一位不定期單獨搭乘台北到台東的小常客，他的名字叫做凱凱。雖然因為患有腦性麻痺不會說話，但每次搭飛機，我們都可以感覺到他非常的高興。

　　我記得，凱凱總是坐著一個藍色的特製的椅子上飛機，由一位在台東機場工作的勤務督導抱上飛機。大家只要一看到他，就會全部圍過來跟凱凱打招呼，問他今天乖不乖、開不開心，而凱凱總是會拍拍手，表示他很開心看到我們。

　　但隨著國內線的萎縮，公司取消了台北到台東的航線之後，我們再也沒有見過凱凱了，也不知道他現在過得好不好。透過了Line，我向這位住在台東的督導大哥問了凱凱的現況。

　　大哥說，自從遠東航空不飛台東之後，凱凱就改搭友航的飛機，而且，凱凱長大了，不是以前我們看到的小凱凱了，寒暑假還會跟家人一起到澳洲探視其他移民到那邊的家人。

　　聽到凱凱過得很好，我的心也莫名的快樂了起來。對曾經服務過凱凱的空服員而言，他不只是一位乘客，看著他的成長，早就把他當成朋友了，了解他的習慣、懂得他的心情，在多年以後，還是會想起他的笑容、關心他的近況。

機長背起了老奶奶

　　因為天候而影響航班起降的因素有很多，風、雨、雪、霧、

霾……這些大自然的力向，都是讓人類無法抗拒的。

每年都會有因大陸冷氣團挾帶著中國華東、華中霧霾空污物及內蒙沙塵的雙重影響，導致的空氣污染，讓許多民眾外出都戴著口罩。而機場能見度降低，當然也會使得飛機無法起降。

那一次在起飛前，機長就預告，因為霾害，桃園機場的能見度已經不佳了，起飛是沒有問題，但回程機場有可能會關閉。我們的行李箱內都只有簡單的盥洗用具，誰都不想在外站過夜。

到了目的地之後，機長告訴我們，桃園機場已經因為能見度不佳而暫時關閉了，而且能見度隨著天色越晚越來越差了，要飛回去的機率不大。那乘客怎麼辦呢？我知道有些乘客是要轉搭大陸東方航空的班機飛往上海的。機長說，上海機場剛剛也因為霾害的關係，暫時關閉了，所以這班飛機沒有起飛，公司已經在安排乘客的住宿問題了。

情況不妙。

果然，過了十分鐘，機長告訴我們，我們回不了台北了，要在當地住一晚，等明天早上才能飛回去。好吧，安全第一，相信乘客可以體諒的。

飛機上有一對80多歲的老爺爺跟老奶奶，他們是要到上海探親的，老奶奶還是因為膝蓋不太好，坐輪椅上來的。

　　當天飛機停放的位置，並沒有連接空橋，下了飛機，還要從一樓搭乘電梯到二樓才能到達入境大廳，我們陪著這對爺爺奶奶在一樓等著輪椅，等了好久，輪椅一直沒有來，老奶奶也就這樣一直站著。

　　「這樣一直等也不是辦法啊，」機長說完後，向老奶奶說：「奶奶，我背您走上去吧！」

　　老奶奶直說不行，怎麼可以讓機長背她上去呢？

　　機長又說了：「怎麼不行？我常常這樣背我的媽媽，沒有關係的！」

　　於是，機長背起了老奶奶，我拿著機長的飛行箱，其他的同事們則在機長旁邊，一路攙扶著出點力。

　　從一樓爬上二樓的階梯比一般的住家還要高許多，機長到了二樓時，已經氣喘吁吁、滿身大汗了，輕輕的放下老奶奶，我們要老爺爺放心，他們要搭乘的東方航空會幫忙聯絡當地要接機的親戚，等一下就可以先到飯店休息了。

　　這真的是讓我見識到霾害的可怕了，天空整片黃澄澄、灰濛濛的，像是被風吹起的土石流，連停在隔壁的飛機都看不清楚。機場代表跟領隊們忙著處理乘客的住宿問題，幸好這班飛機的乘客也親眼目睹這個情況，沒有人吵鬧。

到了飯店，遇到飛機上的乘客，還有人關心我們有沒有房間住，頓時心裡著實的暖和了起來。

　　古時候的擺渡人，也是抱著這種心情工作吧！不只在河的兩岸搖著槳，還會不時的哼著小曲，或者與乘船的人閒話家常。同樣的，每個空服員的飛行日記裡，也充滿了各種喜、怒、哀、樂的回憶。到現在，我還是記得這位機長的名字，也記得老奶奶當時驚訝的表情。

　　對於老奶奶來說，機長的地位是那麼的高不可攀，但對機長而言，卻把一位素不相識的乘客當作自己的媽媽般呵護。

　　一層樓的階梯裡，有著許多勤務人員、地勤人員、甚至機長與乘客間的溫暖故事，而這些故事，也豐富了我的飛行日誌。

.Chapter.

5

空服員不說的秘密，
Oops!

你知道第一位空服員是誰嗎？根據維基百科的記載，世界上第一位空服員，竟然是一位於1912年，在德國的士瓦本飛船航空公司工作，名叫Heinrich Kubis的男性空服員。

1930年，民用航空界，出現了第一位女性空服員艾倫·丘奇(Ellen Church)。艾倫的夢想是成為一位飛行員，不但在舊金山上過飛行課，還考取了飛行執照。由於當時的社會太保守，即使她擁有了飛行執照，還是無法被接受擔任女飛行員。因此，艾倫便成為了一家醫院的護士。

同年，有一天，美國波音公司駐舊金山的董事史蒂夫·斯廷普森(S.A. Stimson)到了這家醫院探望朋友，和艾倫聊起天來。

早期飛機的製造技術不如今日，因此飛行的高度也不高，大約在6千英呎左右，甚至更低，在這個飛行高度，氣流不穩定是常見的。很多乘客當然也因此發生頭暈或嘔吐等等身體不適的狀況，要副駕駛幫忙照顧這些乘客。

於是艾倫便提議僱用一些有醫學背景的女性來幫忙做這些服務。這個提議讓史帝夫開始了機上服務員的招募計畫，之後波音公司也同意了空服員的培訓。

艾倫和其他七名女性經過了為期三個月的培訓，成為了史上第一批有「工作手冊」的空服員。

　　這本手冊，也就是現在所有空服員的工作聖經，英文簡稱
「CCOM[1]」，中文譯名：**《客艙組員作業手冊》**。

---

[1]　CCOM (*Cabin Crew Operation Manual*)：《客艙組員作業手冊》，為空服員執
　　勤時必備的裝備之一，內容包含了所有安全類作業標準流程。

空服員的行李箱裡面到底裝了什麼？

空服員的聖經——CCOM

　　無論中外，只要是有關描寫空服員的書，一定會提到這本空服員的聖經——「CCOM」《客艙組員作業手冊》(*Cabin Crew Operation Manual*)，由此可知，這本書對於空服員是多麼的重要。

　　記得某個週末的晚上八點多，我的手機忽然響了，來電顯示的，是一個陌生的電話號碼。電話接通了之後，原來是一位學妹，她邊哽咽邊說：「學姐，不好意思，我是陸郁芬，我前天飛新加坡的時候，下飛機時忘了把CCOM放進飛行箱了，我已經請其他同事跟機務大哥幫我在飛機上找了兩天，都沒有找到，怎麼辦？」。

　　這對所有空服員來說，無疑就像天塌下來一樣，我問她：「妳明天要飛嗎？」

　　「要啊，學姐，我明天要飛沖繩，早上五點報到……嗚嗚嗚……」，學妹這時已經哭了。我嘆了一口氣，心想，無奈啊，除非出現奇蹟，否則，別指望能在短短幾小時內找到這本手冊，只能告訴她明天不能飛了，而且，在手冊沒找到的期間之內，她都必須面臨停飛的處置，如果真的找不回來，除了懲戒之外，還要自費向公司再買一本。

　　這本手冊之所以會被稱為空服員的聖經，乃是因為對於所有空服員而言，祂的地位就如同上帝一樣，是我們的一切，絕對不能沒有祂。祂，是執勤時一定要隨身攜帶的標準配備之一，上了飛機之後，還要將祂小心翼翼的供奉在一個容易拿取的所在，任務結束下飛機前，什麼都可以忘記，就是不能忘了把祂收回飛行箱裡。

　　為什麼這本手冊如此重要呢？因為**這本手冊的內容涵蓋了一切空服員應具備的專業知識**，如公司組織架構、飛時及休息規定、緊急裝備的位置及使用方法、機上裝備，像是燈號系統、廚房電器、廁所系統等等的介紹、各種執勤中的檢查、緊急情況的處理方法等。

　　在飛行前，座艙長一定會檢查各項裝備，例如：員工證、護照、酒測吹管、手電筒等等，而這本手冊也在其中之列，如果執勤時沒有攜帶，就不能上飛機，不僅如此，手冊內容還要不定期

依照公司公告，抽換更新，如果在座艙長、航空公司稽核人員或民航局執行檢查時，沒有更新抽換，一樣要接受懲戒。

「好了，郁芬，妳先別哭，先打電話請假，明天的班公司會另外安排，懲處是一定會的，不過，妳很勇敢，願意承擔自己犯的錯誤。我們再找找看，如果還是沒找到的話，妳也只能自費買一本了。畢竟，這是公司的資產，對不對？」

電話那頭的郁芬似乎鬆了一口氣，

「學姐，謝謝妳，我知道了，等一下我立刻打電話向公司請假。」

隔天，郁芬告訴我，幸運的她，收到了好心的清潔阿姨拾獲送回的「聖經」，失而復得的感覺，讓她心中的大石終於落下，同時，她也可以繼續上班，不用停飛了。希望經過這次的經驗，郁芬以後可以更謹慎的對待她的「祂」。

百寶箱

因為空服員遇到臨時的突發狀況而需要在外面過夜的機率太高了，所以每個人的飛行箱裡，除了工作上必備的東西之外，還會準備一個小型的過夜包。因為天候因素而滯留在外過夜，那也就罷了，但如果是因為機械因素，就一點也不有趣。

空姐飛常不簡單
我的空服生涯全紀錄

　　帛琉是一個位於菲律賓群島以東500公里，在太平洋上的島國，1994年從美國的託管統治下獨立。從台北出發，大約不到4個小時的航程，因此我們都是當天來回。這個擁有原始風景的島嶼，一年365天，都是炎熱無比的氣候，在乘客登機的時候，就算從外面接了冷氣，客艙裡還是非常悶熱，沒有一位乘客需要毛毯，但只要一起飛，服務鈴就會叮叮咚咚響不停，剛才大家嗤之以鼻的毛毯，立刻成了搶手貨。

　　但那一次，起飛後的客艙，並沒有一丁點涼爽的感覺，我反而覺得耳朵開始陣陣刺痛、眼前一片霧濛濛的。隨著飛機的爬升，耳朵越來越痛，我心中有了不祥的預感，艙壓應該出了些問題。不到一分鐘，每位乘客都感覺到了因為艙壓失效而引起的不適，客艙裡開始出現小朋友的哭聲，服務鈴也此起彼落，乘客紛紛焦急的詢問究竟發生了什麼事，還有人哭著問，他會不會死？

　　機長廣播，艙壓系統失效，我們必須返回帛琉，但是，當天飛機客滿又加滿了油，整架飛機的重量太重，超過落地的重量限制，無法立刻降落，要先在帛琉的外海盤旋30分鐘，耗掉一些油，才能夠落地。

　　機長再度廣播，要大家不要擔心，飛機的高度會一直保持在一萬英呎的安全高度，雖然會有一些不舒服，但不需要使用氧氣面罩，請乘客還是繫好安全帶。我們不停的來回穿梭在走道間安

撫乘客，告訴他們可以試著打哈欠、咀嚼口香糖及送水以減緩耳朵的不適。

30分鐘的時間怎麼比三個世紀還要久。

漫長的等待終於結束了，我們安全的降落回帛琉機場了，但是當地沒有維修的零件，要等明天另一架飛機飛來載客，而我們也得在帛琉過夜了。

到了飯店，我和一位學妹住同一個房間，打開我的行李箱，發現一件令人很糗的事：我沒有帶睡衣，心想，那我等一下要穿制服入睡嗎？另一位學妹則旁邊在大喊：「不會吧，我沒帶內褲！」，這時我才想起來，原來我也沒帶內褲。

該怎麼辦呢？時間已經很晚了，超市又離飯店有一段距離，就在我們大傷腦筋的時候，叩叩叩，有人敲了我們房門，住在隔壁間的學妹，手上拿了一大包的免洗內褲出現在門口，我們看著這包免洗褲，又驚又喜，這位學妹就像聖誕老公公一樣，雪中送炭。

學妹告訴我們，大家的過夜包都少了一些必備用品，要不要把行李箱拉到她的房間集合，可以互相交換需要的過夜用品。真是個好主意，所以我們就開始了行李箱大揭密。

每個人打開自己的行李箱，千篇一律的都是一打的備用絲

襪、備用隱形眼鏡、浸泡隱形眼鏡用的生理食鹽水、人工淚液、針線包、對付乾燥機艙的護手霜，再打開每個人的小藥包，還有胃藥、止痛藥、感冒藥、退黑激素、ok繃、液體絆創膏、面速力達母、薄荷棒、酒精棉片、碘酒棉片，這根本已經是個小型急救箱的規模了吧？

再看看每個人的化妝包，裡頭裝的東西也差不多，卸妝用品、洗面乳、乳液、粉底、眼影、睫毛膏、腮紅、口紅，一應俱全。有一位學妹的行李箱真的可以用百寶箱來形容，除了這些之外，她還隨身攜帶大小毛巾、洗髮精、沐浴乳、牙膏牙刷、一套便裝、一雙夾腳拖、還有吹風機。我們算大開了眼界，這位學妹的行李箱，是在為逃難還是離家出走做準備嗎？她說，因為她不習慣飯店提供的盥洗用品，一定要帶著自己的才有安全感，還大力推荐這款吹風機多麼好用。當然，那個晚上大家都拿來試用。

怎麼那麼巧，大家的圍裙口袋裡，清一色都是超過十條的溼紙巾、一堆胡椒鹽包、吸管、牙籤、便條紙、從各個飯店收集而來的筆，還有各國入境表格，好像小叮噹的口袋，乘客要什麼就可以馬上變出來，不必再跑回廚房一趟。

另外，還有浴帽，大家的行李箱裡都有數不清的浴帽。空服員上飛機第一件事，就是脫掉走在人前的高跟鞋，換上平底的工作鞋。除了因為高跟鞋無法應付久站之外，另一個更重要的因素

是安全考量，**如果遇到緊急狀況需要跳下充氣滑梯時，高跟鞋的鞋跟可能會刺破滑梯。**

剛上飛機的空服員，只知道要跟著學姐們買曼谷包的鞋袋，卻不知道鞋袋內還有小撇步。工作鞋，只在飛機上穿著走動，鞋底不會太髒，但是高跟鞋的鞋底卻不然。

菜鳥為了怕弄髒鞋袋，總是拿一個紅白塑膠袋裝著高跟鞋，再放入鞋袋裡，這事我做了很久，直到一位學姐給我一個浴帽，我才知道，原來浴帽這麼好用。

飯店裡都會提供浴帽，不過卻很少女孩子拿它來做真正的用途。你或許聽過有人在煮菜的時候帶著浴帽，可以防止頭髮沾附油煙味，但應該只有空服員會拿浴帽在旅行時裝鞋子。

浴帽的大小，正好可以裝入一雙女鞋，鬆緊帶還可以讓鞋子不會滑動，把浴帽套在鞋子外，再裝進鞋袋裡，就可以防止鞋袋髒汙了。

其實公司並沒有規定空服員要隨身攜帶針線包，但在飛機上，做的是粗活，難免會出現制服脫線的時候，很多同事都有過協助乘客搬行李時，腋下連接處整個裂開的情況，這時候，如果沒有針線包，真不知該怎麼辦？所以，只要有機會住飯店，大家都會收集浴帽、針線包、棉花棒等等用品，以備不時之需。

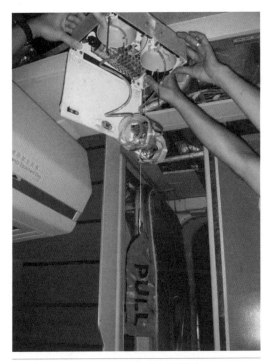

位於乘客座位上方氧氣面罩的內部構造

　　聊著聊著，肚子開始餓了，這個飯店只能算是個度假村，晚上六點以後就沒有供應餐點了，幸好，空服員都非常害怕飢餓的感覺，行李箱裡都有許多餅乾、零食、泡麵，還有從各個飯店收集的茶包、咖啡包。這個晚上，大家把行李箱所有的糧食全都吃光了。

我和住在同一個房間的學妹，用飯店的大浴巾包裹著身體，半坦誠相見的度過那一晚，隔天，再穿著那件有點味道的制服上班。

第二天，公司改派的另外一架飛機到達帛琉了，而前一天艙壓異常的飛機，則不載客飛回台北檢修。乘客登機時，看的出來都對昨天的突發狀況心悸猶存，在播放安全示範影片的時候，每個人都異常專心，尤其是氧氣面罩那一段。

飛機順利起飛了，也順利落地了，乘客下機的時候，還是不忘和我們說謝謝，原本當天來回的航程，被改成兩天，行李箱裡的糧食也沒了，是該補貨的時候了。

驚！機上餐點加工、加料？

飛機上的年夜飯

　　平常在地面上不怎麼吸引人的平凡食物，在飛機上，就變成佳餚，像泡麵，就是最好的例子，沒有人知道，為什麼搭飛機的時候，就是會想來碗熱湯。

　　每到農曆過年，航空公司都會加開班機，還有許多只有春節才有的包機，這些包機都是跟旅行社合作的紅眼航班，大概都是晚上八、九點報到，凌晨兩、三點才下班。

　　班表出來了，上面有一些很陌生的班別代碼，再仔細一看，那不就是那個大爛班？沒關係，我跟家人住，這個年紀也沒有紅包可以領了，就當跟同事一起在飛機上守歲吧！

　　過幾天，一位學妹告訴我，除夕夜她跟我一起飛，而且，雖然那個班是個紅眼航班，但卻是包機的首班，所以去程客滿，但回程沒有乘客。

2007年除夕夜飛行紀念

「真的嗎？」，我不太敢相信我會碰上這麼幸運的事。

學妹說：「真的啦，我一直覺得奇怪，為什麼好多人要跟我換這個班，後來，問了其他人，才知道原來回程沒有乘客，好險我沒有換給別人。」

「既然這樣，那我們就一人帶一樣年菜，回程一起在飛機上吃年夜飯！」，我和學妹們開始計畫，要帶什麼年菜到飛機上享受老天賜給我們的大紅包。

說到烹飪這檔事，可就是我的專長了，過年嘛，一定要有個

滷味拼盤，而滷味要好吃，一定得嚴守「三進三出」的老規矩，所以我在前三天就開始準備了。除夕那天，到了公司，待命室裡還有主管為大家準備的火鍋，同事們像家人一樣一起圍爐，吃著另類的年夜飯。

回程的時候，我們把各自準備的材料拿出來，開始在飛機上煮年菜，看的出來大家都很用心，一位學妹帶了牛小排、秋刀魚、玉米筍、金針菇，另一位學妹帶了切好的水果盤、還有人帶了Pizza，我們把玉米筍跟金針菇加上塗麵包用的奶油，再用錫箔紙包起來，放進烤箱烤，不一會兒，香味就飄出來了。

機長立刻打了電話出來，「什麼東西這麼香啊？」

我神秘兮兮的告訴他：「等一下送餐進去駕駛艙的時候，您就知道了。」

玉米筍跟金針菇烤好了之後，撒上胡椒鹽，在飛機上真是人間美味啊！餐盤被我們裝的滿滿的，送餐進駕駛艙之後，機長不敢相信他的眼睛，我們竟然可以用一個烤箱，弄出這麼多花樣！最令機長訝異的是，我的滷味上還有滿滿的蔥花！

我告訴機長：「這是我上班前才切的蔥花喔，滷味怎麼能夠沒有蔥花呢？」

「吃」，在飛機上也屬於飛安的一環，為了飛行員「吃」的

<u>安全，正、副機長被規定一定要吃不同的餐點</u>。比方說，當天的組員餐分A、B兩種選擇，正、副機長就必須一人吃A餐，一人吃B餐；或者機長個別吃C餐，以降低所有的風險。

航空公司並不會替飛行員與空服員另外準備不同的餐點，而低成本航空公司還沒有提供組員餐。再加上飛機上的飛機餐，大約是三個月才會更換一次菜單，三個月都要吃同一種餐點，有時真的會吃膩了。又或者，根本沒有時間好好坐下來吃餐，因此我們都會自備像是蘇打餅乾之類的小點心，可以在空檔時稍微填飽

2007年除夕夜飛行紀念

空姐飛常不簡單
我的空服生涯全紀錄

一下肚子。

　　有一位機長，常常帶蛋糕上飛機請空服員吃，我們空服員無以回報，只能利用飛機上不多的資源，想盡辦法，變出一些花樣。

　　像是一位名叫昭瑩的學妹，竟然可以在飛機上變出酥皮濃湯，我記得她說，她到大賣場買了一大盒的酥皮、玉米罐頭、玉米湯粉，先用熱水沖泡湯粉，倒入洗乾淨的熱餐錫箔盒，加入玉米粒、牛奶跟奶油，最後再將酥皮蓋在錫箔盒上，放入烤箱，烤個5分鐘，可以媲美西餐廳的酥皮濃湯就出爐了。

　　另外還有一位學長，會在先在的咖啡壺裡加入十包左右的糖，攪拌均勻之後，再倒入冰塊，然後把冰咖啡跟牛奶倒進空的礦泉水瓶，像搖泡沫紅茶一樣搖著礦泉水瓶，就是我們忘不了的「特調拿鐵」。

　　那天下班回到家時，已經是大年初一了，皮包裡放著機長包給大家的紅包，迎新送舊的鞭炮聲一陣一陣的響起，拖著一只行李箱，這是我飛行回憶裡最幸福的除夕夜，也是在飛機上一次最難忘的年夜飯。

乘客問：「我想吃牛排可以嗎？」

　　我很喜歡在網路上瀏覽各種有關旅遊愛好者或對航空公司有

興趣的部落格，出國旅行的時候，也像一個沒出過國的鄉巴佬一樣，在飛機上觀察別家航空公司不同機型和空服員的服務流程。一次，看見一位網友，在網誌上分享了全家一起出國旅遊，向航空公司訂了回教餐、猶太餐、海鮮餐及兒童餐，讓臉上充滿疑惑的空服員確認又確認，怎麼會有一個家庭裡，又有回教徒、又有猶太人？

這位網友還寫，連空服員都對猶太餐的內容感到好奇，忍不住跑過來問他味道如何。我想，這位網友應該跟我一樣，是個好奇寶寶吧。

上班最開心的，莫過於可以和感情比較好的同事一起飛，一個眼神，就可以了解對方在想什麼，即使客滿，再長的航程，也覺得一下子就過了。

那一天，我就和我的好朋友宗仁一起飛，另外還有一位住在我家附近的學妹，雖然飛機上是客滿的陸客，但是回想起來，還是覺得好笑。

在登機前，宗仁負責準備廚房事務，跟空廚人員確認所有的餐點，包括特別餐，而特別餐的名單，則是由航空公司的地勤人員於劃位後再提供。特別餐名單上，會有乘客的姓名及座位號碼，素食餐、兒童餐、嬰兒餐是最常見的。

通常空服員都會在乘客登機的時候，拿著特別餐的名單，向乘客一一確認，再千交代、萬交代，千萬不要換位子，如果換了，要麻煩乘客通知空服員，以免送錯餐。

宗仁拿著特別餐的名單一一確認，有一位大嬸說：「我只有吃早齋啊，可不可以別吃素食餐啊？有牛排嗎？」

那一位住在我家附近的學妹，負責服務比較後段的區域，乘客們走到後面，一看到她，驚為天人，「好漂亮的小姑娘啊，妳是不是從阿里山來的啊？」

學妹一頭霧水，搖頭說不是。她明明是台南人啊，乘客不相信的繼續問：「是吧，是吧，妳一定是阿里山來的，才會這麼美。」

起飛後，請扣安全帶的指示燈還沒熄，就開始有人站起來走動，我只好廣播：「各位貴賓，在請扣安全帶的指示燈尚未熄滅之前，請您回到座位上，並繫好安全帶。」

好了，安全帶的燈熄滅了，宗仁在廚房裡準備熱餐，一切就緒之後，我們開始發餐，再重複著每天相同的對話：請問您喜歡吃雞肉白米飯還是台灣的炒米粉？

因為這班飛機的餐，炒米粉上的比較多，所以我們都很有默契的把炒米粉加上「台灣」兩個字，對陸籍乘客來說，只要是台

灣來的，就是好。

發著發著，有位乘客指著餐車上的紅酒與白酒，問我：「這是什麼啊？」

我告訴他，是白葡萄酒跟紅葡萄酒，這位乘客立刻點了一杯紅酒，一飲而盡，接著說：「好喝啊，再來一杯。」，我只好再倒一杯，之後這位乘客又點了一杯白酒，還說要倒滿一點。

「紅酒好喝，紅酒好喝。」，這位乘客還向他的朋友推銷。我和宗仁同時看了餐車上的紅酒一眼，才發了不到十排的餐，紅酒就快沒了，看來，紅酒比較受歡迎。餐終於發完了，我們以最快的速度推著餐車奔回廚房，想趕快結束這永無止盡的酒池肉林。

「等等，再來杯紅葡萄酒。」，又是那位推銷紅酒的乘客。

我火速的倒了所剩無幾的紅酒給那位乘客，宗仁也立刻倒了一杯白酒。

「我不要白酒，白酒不好喝。」，這位乘客揮手擋了宗仁手上的那杯白酒。

「我們倒都倒了，您怎麼拒絕我們的好意呢？」，我和這位乘客開起了玩笑。

　　宗仁跟著瞎起鬨：「是啊，乾了吧！」，這位乘客面有難色的，但似乎又覺得不喝會傷了我們的心，真的和我們乾了那杯白酒。

與同事於登機前拍照留念，右一為宗仁

「好，好酒量。」，我順勢拍了拍手，替這位乘客鼓掌，宗仁和我邊笑邊把餐車推回廚房。

　　收完餐之後，我走過去那位只吃早齋的大嬸旁，想問她回去時要不要取消素食餐，卻看到一團人圍著那位住在我家附近的學妹，邊拍手邊唱著高山青，「阿里山的姑娘美如水啊……」，原來是這首歌讓陸客以為學妹是阿里山來的。

　　學妹對我示以求救的眼神，沒有義氣的我，轉身離開，就讓學妹體驗一下當明星的感覺好了，待會兒再去找大嬸。

　　提供餐點的傳統航空公司，會針對乘客的特殊需求，提供特別餐點的預訂。有些是因宗教或文化因素的特別餐，例如：素食餐、回教餐、猶太餐、印度餐；有些是基於病理因素而提供的糖尿病餐或麩質不耐症餐；當然還為小朋友或嬰兒提供的兒童餐或嬰兒餐。

　　不過這些特別餐，都必須至少在班機起飛前24小時，向航空公司提出需求，航空公司才能向空廚事先預訂，至於牛排餐，就不在特別餐的範圍裡面了。

旅遊諮詢服務時間

入境表格可以填中文嗎？

這個問題問的真是好，答案也很簡單，當然是否定的。除非入境的地方是台灣、大陸，不然就得等到中文成為全球共通語言那一天才可以了。

在飛機上發入境表格的時候，常常會有乘客問些問題，例如：航班號碼、當地地址寫旅館可以嗎、工作職稱的英文怎麼說⋯⋯除了簽名欄一定要乘客本人親自簽名外，其他欄位我們都可以根據乘客的護照幫忙填寫。

我在帛琉航空公司服務的時候，實在有太多乘客不會填入境表格，需要空服員協助填寫，因此，為了方便乘客，公司特別製作了一張A4大小的表格範例，每個欄位都清楚的用中文標示，要填護照上的哪些資料，護貝後，放在每個座椅前的口袋內。

有了這個範例之後，果然縮短了發送表格的時間，不過，還

是會有偶發狀況。

我拿著厚厚的一疊入境表格從前面往後發，另外一位學妹則由機尾往前發，除了一兩位乘客和我借筆之外，沒什麼障礙，和學妹碰頭了之後，我們就各自回前後廚房。忽然，一位乘客叫住我，「小姐，請問一下我們住什麼飯店啊？」

有人出國玩，不知道自己住哪間飯店嗎？

「先生，不好意思，這個可能要問您的領隊或是同一團的朋友，我不知道您住哪間飯店啊。」

「那妳介紹一下吧，我就隨便寫一間。」，這位乘客也太隨興了吧。

「這不能隨便寫的，如果您真的不知道，問一下您的朋友好嗎？」，我老實的回答這位乘客。

「好吧，我問問我朋友。」，這位乘客同意了。我正要走的時候，這位乘客又要我等一等。「那我們在帛琉待幾天啊？」

蝦米?! 不知道住哪間飯店還說得過去，不知道出國幾天也太妙了吧！

依照我的經驗，到帛琉的團體，不是五天四夜，就是四天三夜，但為了慎重起見，我還是告訴他：「您的機票上應該有寫哪

一天回去吧，照機票上面的資料填寫就可以了。」

「機票放在包包裡，我懶得拿，妳告訴我幾天我就填幾天嘛。」，這個回答真是讓我無言以對。

「我幫您拿。」，我只好打開上方的行李櫃，幫這位乘客把他的包包拿出來，再請他找出機票填寫。

不只入境表格，各國海關都有限制不能攜帶出入境的物品、免稅菸酒及貨幣，特別是肉類、水果等等的農產品。如果攜帶了，一定要誠實填寫海關申報單，否則，被查獲了，就會面臨被沒收的命運。

就算逃過海關人員的眼睛，也逃不過機場裡的米格魯靈敏的嗅覺。有一次下班的時候，我們遠遠的就看見那隻可愛的米格魯正在執勤，他跑到一群推著行李的旅客附近，對著他們的行李東聞聞、西聞聞，沒發現什麼，他有點失望地離開。

之後，這隻米格魯，跑到我們的身邊，乖巧的坐著，還一直搖著尾巴，我們還對著他說，好可愛啊，是不是想跟我們回家啊？領犬員立刻要我們所有人把行李箱打開，米格魯非常執著的，一直不停的聞著其中一位學姐的箱子，但是，學姐的箱子裡，找不到沒有任何不該帶的物品。這時，學姐想起來，前幾天帶了一些水果上飛機吃，會不會是水果的「餘味」還殘留在行李

箱裡？

牽著他的領犬員說，有可能喔，狗狗是有訓練過的，連真空包裝的泡麵肉品調理包都聞的出來，更何況是前幾天的水果味。

配合各國的檢疫規定，除了讓自己不致觸法受罰之外，也是為了安全著想，不論會不會被機場的米格魯查獲，也不要因為一時的私心，讓外來的病害有機會流竄，如果因此造成經濟損失，你和我都會是受害者。

免費機票好棒棒

對於許多求職者而言，優待機票是航空公司最吸引人的福利，搭飛機出國不用錢，這是多麼奢侈的享受啊？但這個福利，卻是常常看的到但用不到。先說使用限制好了，不能訂位，只限空位搭乘，旅遊旺季就先捨棄吧。再來，國籍航空公司也只限員工本人與直系親屬才有優待機票。我在前任公司服務了將近12年，也只開過一次免費票，帶了爸爸媽媽到花蓮探視當時在那邊當兵的弟弟。

但是有些航空公司除了員工本人、配偶、直系親屬之外，還大方地贈送員工「親友票」，對我而言，第一次有這麼好康的福利，絕對不能錯過。

　　進入了另外一家航空公司，第一個面對的任務，就是民航局一年一度的查核，再加上新進空服員的加入，訓練科忙的不可開交，通過了研究所論文的預口試及新進空服員的地面結訓之後，我真心的覺得自己該度個假了。

　　查了查訂位人數，我選了比較空的東京來回航班，然後再幫堂妹申請了一張親友票，要到迪士尼找回我們的少女心，還有另外一位同事雅盈也在我出發的前一個星期，計畫著到東京遊玩，我們興高采烈的討論彼此的行程，還說一定要大買只有東京迪士尼海洋樂園才有的玩偶Duffy跟ShellieMay。

　　沒想到，在我出發的前兩天，我的同事雅盈竟然因為貨艙的行李問題，飛機重量太重，明明還有30個空位，卻無法上飛機。可憐的雅盈隔天就要銷假上班，只好又花錢買了別家航空公司的機票飛回來，到台北的時候已經半夜了。

　　這時我開始擔心了，原本計算的安全空位，由10個攀升40個，每天都緊張兮兮的查詢訂位人數，也和堂妹做好了心理準備，還告訴辦公室其他的同事，不管了，萬一我回不來，多幫我請一天的假。

　　到了機場之後，我才發現我太專注於訂位人數而忘了買托運行李的費用。低成本航空公司的機票價格，是不包含托運行李的，我帶了一個超大的空行李箱，打算裝我們的戰利品，這下

子，只能夠在現場購買托運行李的費用。

我的機票加上機場稅，不到台幣一千元，但托運行李費用卻是台幣1500元，行李費用比機票還貴。

一抵達東京，我們立刻到位於迪士尼海洋公園裡的飯店check in，飯店的服務人員帶領我們到房間的路上，還特地向我們介紹地毯，仔細一看，地毯上的花紋竟然是米奇的頭。進了房間，我和堂妹更是驚呼連連，床罩、枕頭、抱枕、杯子、杯墊……整個房間的佈置都是迪士尼的卡通人物，連浴室的拉門也是米奇的圖案，打開窗戶，迪士尼卡通的音樂就這樣飄了進來，我們真的住在迪士尼海洋樂園裡！

堂妹開心的跳到床上，躺了下來，忽然大叫：「天花板也有卡通人物耶！」，難怪迪士尼樂園可以擄獲大人小孩的心，天花板上，利用了所有的卡通人物，連結成一個星座圖。

「快走、快走，我要去買我的ShellieMay啦！」，我催促著我的堂妹。

原本一直嫌棄我幼稚的堂妹，一進到園區，也變得跟小孩一樣，買了一個高飛狗的髮箍戴在頭上，還到處找人偶照相。我買了一個最大號的ShellieMay，邊抱著邊玩，還驕傲地跟堂妹說：「妳看妳看，每個經過的小女生都用羨慕不已的眼神看我！」

在迪士尼的那天，我們兩個身上的日幣花到只剩一半。之後，我們還去了東京的地標晴空塔，買了晴空塔限定的豹紋香蕉蛋糕，歡樂的假期就在這亂無目的胡鬧結束了。當然，回程的時候，我絕對不會忘記在起飛前8小時上網購買托運行李費用，**在劃位現場才購買，足足是預先購買的三倍價格。**

回台灣那天，不知道會不會又發生像雅盈一樣的狀況，所以我們很早就到機場了，懷著一顆忐忑不安的心，問了機場的地勤代理，還好，我們可以順利回家。

生平第一次使用員工票出國旅行，雖然有點提心吊膽，但感覺還不錯！

員工有免費機票，那乘客呢？我們都聽過一個謠言，說什麼在飛機出生的寶寶，有一輩子的免費機票。事實上，這卻是航空公司躲都來不及的事。

2015年，一名台籍孕婦乘客在台北飛往美國洛杉磯的航班上，產下一名女嬰，空服員與一名醫師乘客協助生產的影片在網上瘋傳。看似一個溫情的故事，竟是這位媽媽想要有個美國籍的寶寶。

原來這位準媽媽在起飛之前已經出現陣痛了，空服員前往查看時，這位孕婦卻回答自己只是「脹氣」。起飛之後，陣痛越來

越厲害，而且羊水也破了，但她竟然堅持要「晚一點再生」，還不停詢問到達美國領空了沒，直到最後，寶寶等不及要出來了，才迫不得已，躺下來生產。後來才知道，這名孕婦當時已經懷孕36週了。

國際空運協定，各航空公司可以自訂對於懷孕旅客搭機的標準，國籍航空公司皆規定懷孕卅六週以上不可搭機，超過廿八週至卅二週以上，也要有提供醫院開立的適航證明，才可以搭機。

這件事在當時鬧得沸沸揚揚，連航空公司都打算向這名乘客求償，冒著即將生產的危險，而導致飛機緊急轉降到安哥拉治機場，只為了要有一個美國護照的小孩，不顧自己及寶寶的安全，這真是太荒謬了。

甘之如飴的戒律

這是一個真實發生在三十年前的故事，那個時候國內的航空業，對於飛安還不是那麼的重視，能夠搭乘國內線的班機已經算是有錢人了，空服員和乘客、地勤人員相處的模式，也跟家人一樣，很多地勤人員會特地購買當地有名的小吃上機給空服員，有台東著名的東河包子、花蓮的乾麵跟豆花、金門的閣氏燒餅，而空服員也會帶一些台北的名產慰勞各地的地勤人員。

但最神奇的是一頭羊。我聽到一頭羊這件事的時候，嘴巴也

張的快跟臉一樣大，聽說，有一位台東的地勤同仁，牽著一頭羊上飛機，準備送給一位學長當禮物。盛情難卻，學長只好把這頭羊帶回台北，但又沒有辦法拖運，所以這隻羊就被關在飛機上的廁所裡。

　　整段航程裡，這隻小羊不時從廁所裡發出「咩~~咩~~」的叫聲，之後，一名乘客想上廁所，聽到羊叫聲，打開廁所的門，竟看到一隻活生生的羊出現在自己眼前，他嚇了好大一跳，氣得向公司投訴，而這位學長也被懲處了。

　　剛當上空服員的時候，我也有過玩到通宵再直接上班的經驗。第一天飛北高七個地，住高雄，第二天早上從高雄飛回台北就下班，剛好又和紹軒一起飛，所以我們這一組的學長就提議，晚上下班後租車開到墾丁，他要帶我們去看有名的「水火同源」。

　　大家都脫離學生時代有點久了，夜遊墾丁讓我們很興奮，為了不浪費油錢，學長只加了來回剛好的油，到了墾丁之後，我們在大街上吃這個、吃那個，一群人打打鬧鬧的，彷彿回到學生時代，看完了水火同源，也該到回飯店的時間了，再過幾個鐘頭就要報到了。

　　學長開著開著，忽然，「噔」一聲，油量不夠的燈亮了，這下子我們開始擔心了，從墾丁到高雄的路上的加油站都已經關

了，如果等一下油耗光了，要怎麼辦？聽說時速保持在60公里最省油，所以學長就一直維持著這個速度，不敢太快也不敢太慢，幸好最後我們還是趕上了報到的時間。

那些事，真的只有在二十出頭才會做，飛了兩、三年之後，所有該玩的、該去的景點，都去過了之後，下班之後到了飯店，只想好好的睡個覺。

飛行多年，如果不好好保養身體，也會影響健康。睡眠不足、日夜顛倒導致瘋狂爆痘、免疫力降低、經期混亂，忘了多喝水或憋尿導致尿道炎，還有長時間站立引起的腰酸背痛、膝蓋疼痛，這些都是空服員的宿疾。

12小時之前不得飲酒、12小時之前不得潛水及72小時之前不可輸血，這幾項不只空服員甘之如飴堅守的戒律，也是有用的搭機建議。

由於艙壓造成的低氧及氣體壓力效應、客艙內濕度低，以及長時間處於客艙狹窄的空間，一般人在搭乘飛機時都會感到些許的身體不適。如果在下降時耳部感到不舒服，可以吞口水、咀嚼口香糖或張口來改善這些情況，小朋友可以喝些飲料或吸奶嘴，也有幫助。

另外，在飛機上的飲食要清淡一些、多喝水，少喝酒精及含

咖啡因飲料。因為低氧、酒精、少活動及睡眠障礙等因素綜合在一起，在剛睡醒時，猛然站起時會產生暈眩。

搭機時穿著較寬鬆的衣服，做一些適合機上的舒展動作，例如：轉動脖子、轉動腳踝、伸展手臂、舉起膝蓋或輕敲小腿、按摩肌肉，都可以避免因為長時間蜷坐而導致的腿部深部靜脈血栓症。

許多空服員在搭機當乘客時，還會帶一雙拖鞋換穿、一件外套、眼罩、口罩，對我來說，口罩最大的功用，就在避免睡著時嘴巴張開的醜樣被朋友偷拍！

如果你會暈機，靠窗的位置是比較好的選擇，或是起飛前30分鐘吃顆暈機藥。出國前，多注意當地的安全資訊，快快樂樂出門，平平安安回家。

.Chapter.

6

航空業的魔幻力量

The Magic Power of Airlines.

當飛機落地，由跑道轉入滑行道，再緩緩滑進停機坪時，空橋下會有一位工作人員，拿著螢光棒，雙手交叉揮舞著，指引飛機停靠在正確的位置。等到飛完全停妥之後，機長才會把請扣安全帶的指示燈熄滅，那時，才是解開安全帶的適當時機。

飛機上的安全帶的作用，和車子的安全帶，是相同的，即使飛機滑行的速度不快，但也有可能發生緊急剎車的情況，如果這時候你已經將安全帶解開了，就會因為慣性原理，撞上前面的椅背。

誤打誤撞，進了航空業十多年，有一位資深學姐對我說的一段話，至今我還記在心裡。她說，飛機停妥之後，空橋、油車、加水車、空廚的餐車，還有運送旅客行李的貨車全部都會立刻往飛機靠近，她飛了快二十年，每一次見到這副景象，心裡總是充滿感動。

自古以來，人類便希望能像鳥兒一樣，有雙翅膀翱翔天空，許多神話傳說裡，都可以發現人類對飛行的渴望，之後，有了風箏、天燈等等可以飛向高空的人造物。

1903年12月17日，美國萊特兄弟試飛成功人類第一架飛機，這架飛機重於空氣、帶有動力、可被操控，而且可以持續停留在空中，這便是現代航空的新紀元的開啟。

飛機上禁菸（左）及安
全帶（右）的指示燈

　　航空業有什麼魔幻力量？對我而言，這個力量那來於那位資深學姐心裡的感動，從申請成立、航權、人員訓練、機上裝載、起飛到落地，大大小小的瑣事，都需要許多人的努力，大家都有著共同的目標，就是期盼每一班都可以飛機順利起飛，平安降落。

　　TEAMWORK，團隊的合作比個人成績更讓人有成就感。

是真愛啊！

沒有機會說再見

2016年，航空業的重大新聞不斷，先是發生了台灣史上第一次的空服員罷工事件，再來是威航宣布十月一日起停業一年，不禁勾起了2008年遠航無預警歇業的記憶。

2008年，正好是我進入遠東航空的第十個年頭，那一年，已經開始出現發薪不正常的現象，也沒有年終獎金，農曆年期間，才從新聞上得知，公司已經積欠中油及民航局許多債務，爆發跳票危機。

但大家還是抱著樂觀的心態，覺得這只是一時的財務周轉不靈，直到5月12日，電視的頭條新聞出現：「遠東航空突然公佈重大資訊，指出在已無任何資金援助下，連加油費都付不出來，隔日起停止營運。」，所有人才驚覺，一千多個員工在一夜之間，都失業了。

　　每個人都亂了方寸，只能拿起電話互相打聽新聞的真實性，一千多個員工有著一千多個家庭，還有許多同事，夫妻都在這同一間公司服務，最後，歷經數個月財務危機的遠東航空公司，從南韓濟州島飛回台北的EF-717航班，在2008年5月13日的晚間七時六分降落桃園機場，成為遠航停飛前的最後航班。

　　遠航歇業的前半年，我靠著存下來的儲蓄，購買了一個正在興建的預售屋，突如其來的失業，讓我不得不立刻找工作，雖然沒有多久，我就找到了工作，在一家購物中心擔任客服主管的職務，但薪水只有從前一半的我，實在無法負擔每季要繳交七到十萬的工程款，這個與我無緣的房子，也就這樣被賣掉了。

　　沒有人相信，曾經是國內線龍頭的遠東航空公司，真的就這樣說倒就倒了。電影裡的薩利機長說，他飛了42年，飛行，是他的全部。對於許多資深的前輩來說，畢業後的第一份工作，就在遠東航空，遠東航空，也是他們的全部。從只有部分國內線到發展成區域航線，他們經歷過了這家公司的全盛時期，也一同走過911、SARS的衝擊，面對公司被掏空而失去全部的心情，除了無奈，更多的是痛心。

　　在歇業的這兩年，還是有幾位無薪留守在公司的同事，默默著守護著停在機場無法起飛的飛機。那段期間，每當我搭乘捷運文湖線，從中山國中站經過到松山機場站的那一段路程，都可以

復航首航合照留念

看到排列整齊的自家飛機,而每一架飛機上,都發生過許多趣事或難忘的故事。對於在航空公司工作的員工而言,儘管同樣的機型,有著相同的外觀,但每一架飛機都有著不同的個性,飛機不只是零件組合而成的交通工具,是有生命的夥伴。

隔了兩年多,遠航通過重整案,在2011年4月18日,遠航復飛了。台北到金門的首航,起飛的那一刻,我與詠薇相視而笑,眼眶含著曾經沒有機會說再見的淚光。

遠東航空成功通過民航法所規定之驗證階段後的飛機外觀

街頭抗爭初體驗

做夢也沒想過，我竟然也有頭綁白布條，走上街頭為自己的工作權益遊行抗爭的一天。

遠航無預警歇業半年內，我的另一位好姐妹，艾琳，幾乎每天求神拜佛，祈禱能有奇蹟出現，公司的工會也到處陳情，希望政府能夠出手相救這家航空公司，成立一家航空公司是非常不簡

單的，從設立到得到許可，每個階段[1]都需要民航局的驗證及核准，如果公司就這樣歇業了，所有航權就會被收回，要再重新開始，談何容易？於是，6月10日，一場街頭遊行就這樣開始了。

不只住在台灣本島的員工，連家住澎湖、金門的同事都自己花錢買機票來參加這場遊行。在公司集合後，十幾台遊覽車載著近八百位員工前往交通部陳情抗議。那天的太陽很大，一位學長站在小貨車上，不斷高喊著口號，喊到眼淚都流下來了，聲音也沙啞了。另一位學姐默默跪在地上，看到學姐跪著，大家也跟著一起跪，在六月的烈日當空下，這位學姐足足跪了兩個小時。

下午路隊轉往凱達格蘭大道，總統府前早就已經圍起了拒馬，大家真的不知道這麼做究竟有沒有用，但在這個時候，所有人不分部門，靜坐在廣場前，播放音樂，高呼口號，只希望能有一絲曙光出現。

也不記得在大太陽下坐了多久，忽然有一輛黑頭車經過，有人高喊：「那是總統的車，衝啊！」，我和詠薇及艾琳三個人想也沒想，便一起像無頭蒼蠅一樣，不知所以然的跟著往前衝，衝著衝著，我們三個在人群中失散了，我邊跑邊在擁擠的人潮中尋

---

[1] 五階段驗證過程：檢定給證過程供申請人和民用航空局間自初次詢問到檢定證書核發或剔退申請的過程中彼此的互動。
檢定給證過程包括五個階段：申請前階段、正式申請階段、文件符合階段、驗證及檢查階段、給證階段。

站在車上帶領大家呼喊口號的學長

找她們的身影，沒想到過了一會兒，我們三人又被推聚在一起了，我們立刻用力的手勾著手，以免待會又失散了。

失業的憤怒及炎熱的氣溫似乎讓情況有點失控了，在人潮推擠之下，我穿的夾腳拖鞋掉了一隻，想蹲下去撿，又怕其他人沒注意到而被踩傷，好吧，算了，少了一隻鞋子就少了吧。我們就這樣在人群中一下被推到左邊、一下又被推到右邊，低頭一看，遺失的那一隻夾腳拖竟然又出現在我面前，機不可失，我趕緊伸

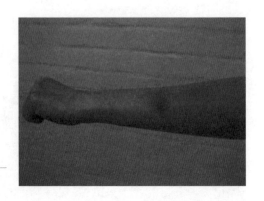

抗爭留下的瘀青

腿，敏捷的穿上那隻夾腳拖鞋。

到現在我們三個女生還是十分納悶，為什麼我們會被推到抗議人潮的第一排，鎮暴警察們拿著盾牌，擔心的對著我們大喊：「小姐小姐，妳們不要這麼衝動，這樣很危險。」，這時我們才驚訝的發覺，怎麼在前面的女生只有我們三個，其他的，都是男生。

我只好告訴警察實話：「我、我、我不是故意的，我也不知道自己怎麼會到第一排，我是被推過來的啊！」，怎麼嚴肅的事情在我身上就變成了一場鬧劇？

抗議結束，回家之後，我的手臂、大腿上到處都是瘀青。有時大家聚會的時候，還是忘不了我那雙夾腳拖還有與警察對話的笑話。

那一場遊行抗爭，公司有八成的同事都遠從各地自願參加，如果要問我航空公司有什麼魔幻力量，我想，就是這股凝聚的向心力吧，就如同我和詠薇、艾琳緊緊勾著的手，要衝，大家一起衝，在重要的時刻，總是會彼此支援，這種緊密的職場關係，是我在其他行業裡，永遠也找不到的。

交通部靜坐抗議現場

難以忘懷的遺憾

遠東航空重整之後，我穿上嶄新設計的制服，配上當時被稱為「小三鞋」的紅色高跟鞋，又開始了空中飛行的生涯。

誰知道2012年的1月1日，在飛機上發生的一件遺憾，讓我仔細考慮是否該回到地面了。

那是一趟從桃園機場到越南峴港的來回航班。峴港位於越南中部，是一個港口城市，不僅擁有綿延三十公里的的細白沙灘、無汙染的湛藍海水與海岸線，還有許多曾經被美國及法國佔領，而遺留下的殖民色彩古蹟。

到峴港旅遊的，都是台灣的團體客人，航班幾乎客滿。從台北到峴港，飛行時間大約是兩個半小時，這個飛行時間，服務結束後，也差不多就要降落了。

從峴港回台北那一段，當地的地勤代表用濃厚越南口音的英文告訴我，有一位搭乘輪椅的乘客，坐在1D的位置，乘客的太太坐在1E，他的隔壁。我習慣性的問他，乘客需要輪椅的原因是什麼，得到的資訊越多，我們才能更了解乘客的身體狀況，也才能提供必要的協助。

這位地勤人員表示不太清楚，乘客只有提出需要輪椅的服務，可能是觀光行程太緊湊，走的太累了。這種情況常發生，我

空姐飛常不簡單
我的空服生涯全紀錄

也就沒有再多問，一些需要特殊協助的乘客，都會最先登機，這位輪椅乘客看起來沒什麼異狀，也可以自行走上連接的空梯，整趟航程中，也很客氣，用餐、上廁所，都可以自行處理，不太需要特別的照顧。

機長給了我們要降落的燈號指示，完成例行性的客艙安全檢查之後，我和學妹一起回到空服員的座椅上，元旦這一天的任務就快要結束了。放輪子了，這表示再過十分鐘左右，飛機就要落地了。

這時，客艙裡忽然傳來一陣尖叫聲，這聲音又急促、又害怕，我和學妹立刻解開安全帶，往尖叫聲方向快步走去，坐在1D的輪椅乘客突然失去意識了。我簡短的察看了這位乘客，還有呼吸心跳，再問這位乘客的太太，她的先生有沒有心臟病史或是長期服用的藥物，學妹快速的將置物櫃裡的氧氣瓶拿下來，讓乘客使用。我趕快廣播詢問機上有沒有醫護人員可以協助，同時向機長報告這個緊急狀況，請機長在空中先申請救護車。

飛機上並沒有醫護人員乘客，坐在後面的學妹也過來幫忙將氧氣瓶固定好，這突如其來的意外，引起後段其他乘客的騷動，有些人還站了起來，想看看發生了什麼事。時間非常緊迫，就快要落地了，固定好氧氣瓶、記錄下時間之後，我請學妹們快回到座位，也再次廣播請所有乘客坐下，繫好安全帶。我們一坐下沒

幾秒，飛機就落地了。

飛機一脫離跑道之後，我馬上走向1D的位置，這位乘客瞬間全身癱軟，沒了心跳呼吸。在那千分之一秒，我思考著，該讓學妹對乘客實施CPR嗎？這位學妹才剛通過空訓，面對這種狀況，她的緊張會不會讓乘客察覺？我想起後面還有一位剛通過座艙長訓練的學妹，於是，我請後面那位學妹取代我座艙長的職責，對乘客實施CPR。

落地開了艙門，等待救護人員的這幾分鐘，不能停止CPR，等到救護人員到達，對這位乘客實施了幾次的電擊，乘客還是沒有恢復生命跡象，乘客的太太愣愣著看著這一切，對於大家來說，都希望這只是夢境一場。

這位乘客之後被送往醫院，其他乘客也這時才陸續離開飛機。在回位於松山機場辦公室的公務車上，沒有人說話，絲毫沒有平時下班後的輕鬆愉快。

生命竟是如此無常，才剛結束一趟旅遊，一位與我素昧平生的乘客，就在我眼前天人永隔。我從未想過，我的空服生涯會面對生離死別，地面訓練的CPR，都是對著假人練習，但真正面對一位失去生命跡象的乘客時，克服心裡的衝擊，真的需要莫大的勇氣。

　　這件憾事發生之後，每隔不久，飛行中就會遇到因為身體不舒服而需要氧氣瓶的乘客，每一次從置物櫃裡拿出氧氣瓶時，心裡的恐懼又多了一些，深怕再遇到同樣的遺憾，也許老天爺認為我該回到地面了吧，找到新工作之後，我離開了空服這個行業，開始我的上班族生涯。

物化空服不如神化空服

現世報

　　脫下制服將近七百天，當時在機場工作的我，還是偶爾會遇到昔日一起飛行的同事，驚喜的短暫相遇，總是讓我們開心地大叫，看著前同事們離開的背影，我漸漸懷念起那股曾經讓我覺得噁心至極的機艙味，每當看到飛機起飛時，心中似乎仍有一絲絲的不捨與依戀。

　　就在這個時候，我的好姐妹艾琳告訴我，有一家新成立的航空公司需要有經驗的空服員，雖然工作地點在帛琉，但每個月有兩個星期的時間可以在台灣休假，這真的很吸引人，所以我沒有多考慮，就答應了，另外一起加入的，還有一個前公司的學妹，喜寶。

　　重拾本業在空服員這行，不是件容易的事，一但離職了，之前所接受的訓練及資歷，全部都歸零。因為每家航空公司使用的飛機機型不同、工作流程，以及緊急逃生的程序也不同。即使再

回到原本服務的航空公司擔任空服員，只要離開了，也要重新完成新進空服員所有的訓練，才能再上機飛行，不僅台灣的航空業如此，全世界的航空業都一樣。

我們的講師是兩名來自斯洛伐克的美女，一位叫Lucia，另一位叫Barbara，上課的時候，要聽懂斯洛伐克腔英文，需要十倍的專注力。她們也沒有因為我們已經有過飛行經驗而放水，相反的，正因為我們全部都有空服員的資歷，反而對我們要求更嚴格。

在最後水上逃生訓練的時候，Lucia要求我們全部脫下救生衣，穿著濕淋淋的衣服，在泳池裡游完來回四趟才能過關。我們聽到時臉都綠了，一趟是五十公尺，來回四趟就是二百公尺，一整天的逃生演練已經讓我們腿軟了，再加上沒有救生衣的輔助，每個人上來時都像快溺斃的人。我心想，現世報啊，從前也曾經這樣在岸上看著新進空服員，大吼大叫的，現在換自己游到上氣不接下氣。

那一個月的地面訓練，每天下課之後，大家都自動留在教室複習當天的課程，回到家之後，也繼續K書。地面訓練結束之後，要到香港的醫院做體檢，體檢通過了，才能到帛琉進行空中訓練，所以體檢一定要通過，不然一切的努力都白費了。

公司幫我們安排了最早一班飛機到香港，體檢完畢當天回台

與斯洛伐克籍講師在飛機上的合照，右一為Barbara

空姐飛常不簡單
我的空服生涯全紀錄

北。大家都做過體檢，可想而知，前一天午夜12點過後就不能進食，上了飛機之後，還沒起飛，我就已經睡到不省人事了，到了香港，下了飛機，完蛋了，醒了之後，肚子開始餓得咕嚕咕嚕叫。

醫院離赤鱲角機場很遠，還要搭地鐵、渡輪，再轉公車才能到，沿路上看著一間又一間的飲茶店，卻只能吞口水。那時候香港很有名的添好運還沒來台灣開店，大家都說等一下體檢完，一定要去那兒好好吃一頓。

到了醫院，醫生護士都是英國人，體檢的項目也不像台灣這麼多，但最令我們無法相信的噩耗是：體檢前不需要禁食。

大家一聽到全部都傻了眼，我們不就白白餓了24小時？喜寶大喊：「什麼？可以吃早餐？為什麼不早說？你們知道嗎，我在飛機上好餓好餓，餓到睡不著。送餐的時候，味道實在太香了，為了怕吃了東西破功，我還硬把眼睛閉起來咧，早知道我就吃了。」，千金難買早知道。

體檢完後，已經超過中午十二點了，每個人跟餓死鬼一樣，看到什麼都想吃，「不管了啦，我忍不住了，這邊有麥當勞，我們先吃這個墊墊肚子好了。」，喜寶一出醫院指著麥當勞說。所有人以行動附議，衝進麥當勞，對，管他，有的吃就好。

與斯洛伐克籍飛行員在香港機場合照

　　好不容易有機會免費到香港，沒吃到添好運，這真讓人不甘心啊，我想我們大概徹底發揮了「不達目的、誓不甘休」的精神，就算腳走的快斷了，也要找到這家店。終於，在某個地鐵站讓我們找到了，而且還不用排隊。

　　這真是太幸運了，喜寶邊吃邊發出滿足的笑聲，不到二十分鐘，桌上的港點已經被我們一掃而空了，隔壁桌的客人好像有點被我們嚇到，一直偷看我們，他們一定想著，這群人到底是餓了

多久啊？吃飽喝足，這真是人生一大樂事，從台灣坐飛機到香港進行體檢，也算是一種另類又有趣的經驗。

飛機上的垃圾分類

通過體檢之後，我們就要移師到基地帛琉開始空中訓練了。上一次到帛琉旅遊的時候，是搭著公司參加帛琉國慶出公差的順風車，也差不多相隔七年了吧。沒想到，帛琉的景觀一點也沒變，只是多了些新飯店。

公司為我們租了一層樓中樓的公寓當宿舍，樓上有個小閣樓，樓下有兩間雙人房，我們一組是五個人，樓上的閣樓給男生住，其他四位女同事剛好兩人一間。公寓比我們想像中舒適，有個客廳、廚房，還有一個前陽台。唯一美中不足的是，只有一間衛浴，五個人共用一間衛浴，在早上起床上班時，真的是一個困擾。

斯洛伐克那裡也派了四位空服員來支援，在我們還沒通過空訓前，都不算是正式的空服員，所以我們必須和他們一起在飛機上工作，等到通過空訓後，才能執行飛行任務。

除了飛行訓練，我們每天的行程就是早上到位於飯店內的辦公室讀書，三餐都在飯店裡吃，那些從斯洛伐克來的飛行員及空服員，則悠閒的在飯店的私人海灘游泳、享受日光浴，望著藍

天碧海，我們卻只能猛K書，真是又羨慕又忌妒，連機長都問我們，東方人都這麼愛念書嗎？為什麼不放鬆一下呢？

我從小就是那種抱著早死早超生心態的學生，所以自願當衝鋒隊，當第一個空中考核的學員。Barbara是我的考核官，在考核的那一趟，她和我當年當考核官的時候一模一樣，問了我將近一百個問題，把整本CCOM的內容都問光了，「現世報」這三個字，頓時又從我心裡悠悠浮現出來。

當Barbara把我的證書交給我的時候，我都快哭了，但我要老實說，不是因為感動，而是，我終於可以去游泳了。那張證書是一張三折的小卡，裡面詳細的紀錄我所通過的訓練，還有考核官的簽名，每次執行任務時，都必須攜帶。

太棒了，我通過考試了，今晚可以好好睡一覺了，明天還可以可以穿上我特地帶來的比基尼玩水。

回到帛琉，一打開飛機的門，公司的主管站在空橋上笑咪咪地迎接我們，但他卻也同時傳達了一個令我們快崩潰的訊息：帛琉機場要我們把飛機上收回的餐點做垃圾分類。

「垃圾分類？怎麼分？之前都不用啊？」，我不解的問主管。

主管說：「就是把餐車裡收回的餐盒全部拿出來，再將廚餘

跟容器分開。」

　　蛤？我沒聽錯吧？要把餐車裡每一個收回來的餐盒撈出來，再把乘客沒吃完的食物倒進大垃圾袋裡？

　　主管無奈的回答我：「是的，從今天開始，為了環保。」，我心裡暗暗的罵了句髒話，也太巧了吧，這是慶祝我通過考核的禮物嗎？好吧，為了環保，我做！

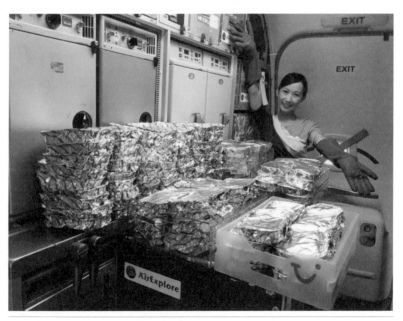

在帛琉，飛機上的餐點，乘客沒吃完就得倒掉……

我轉頭看了其他斯洛伐克籍的同事一眼，他們也全部都快昏了。大家一起使了個認命的眼神，拿出了幾個特大垃圾袋，戴上塑膠手套，把每個餐盒裡沒吃完的食物用手挖出來，再倒進套了兩層的大塑膠袋裡。

　　我邊挖邊碎念：「為什麼不吃完？為什麼不吃完？這樣很浪費食物，阿彌陀佛、阿彌陀佛，冤有頭債有主啊，我只是負責倒掉的人，老天爺要明察秋毫啊，不要懲罰我啊，我不要吃ㄆㄨㄣ，我不要吃ㄆㄨㄣ啦。」

　　Barbara好奇的問我，我到底在說些什麼，我告訴她，我們有個傳說，如果人活著的時候，浪費食物，將來會下地獄，生前沒吃完的食物都會累積成一桶廚餘，死後下地獄就要把這桶廚餘吃完。

　　Barbara一聽，嚇得把手上的餐丟到地上，直說，她在飛機上都有把餐吃完，這些食物不是她浪費的。大家看到她那激烈的反應，又是一陣狂笑，苦中作樂，這就是空服員紓壓的一種方式。

　　之後，這件處理廚餘的事，也成了落地後，服務流程的延伸項目之一。

FSC V.S LCC

有別於一般傳統航空公司(FSC[2])，低成本航空公司(LCC[3])最大的差異就在票價只有機位，餐點、飲料、毛毯、托運行李都要額外收費，就連在飛機上的某些座位也要加價。

低成本航空公司空服員的薪資結構也和一般傳統航空公司不太一樣，銷售獎金對低成本航空公司的空服員來說，佔了不小的比重，但對飛安的要求，則是一樣的標準。

我在低成本航空公司訓練科工作時，稽核飛行也是工作內容之一，每個月都要穿著制服上飛機幾次，拿著稽核表，稽核空服員從報到直到報離所有的工作流程，在航空業稱之為「查飛」。

第一次查飛，就見識到什麼都可以賣的奇觀。低成本航空公司的空服員，從乘客登機，就開始銷售機上的產品了。

「各位貴賓，飛機上有更寬廣、更舒適的座位供您選擇……」，賣位子。

起飛之後，「各位貴賓，飛機上備有各式各樣的點心、飲料……」，賣餐飲。

[2]　FSC：Full Service Carrier
[3]　LCC：Low Cost Carrier

一位學弟推著餐車經過我旁邊，連我也不放過：「學姐，肚子餓了吧，要不要買一碗泡麵吃啊？我泡的泡麵超級好吃喔！」，唱作俱佳的還豎起了大拇指。

好吧，我肚子真的有點餓，於是我買了一碗泡麵。

吃完泡麵之後，這位學弟又經過我旁邊，笑容可掬的問：「學姐，請問泡麵好吃嗎？」，我還來不及回答的時候，學弟已經把整個抽屜的零食搬上餐車的檯面上。

「學姐，我來介紹一下只有飛機上才買的到的零食喔，這個餅乾，真的非常好吃，缺貨很久了，今天剛上飛機，要不要買一包試試看？還有這個、那個也超好吃……乾脆每一樣都來一包好了。」，學弟這麼熱情，不買好像不好意思，於是我又買了一堆零食。

難道我長的一副大戶的樣子嗎？學弟又繼續推銷：「學姐，吃零食一定要配可樂對不對？來一罐可樂您覺得如何？」，一點也沒錯！零食配可樂，天經地義。

最後，我在飛機上花了快一千元。

接下來我聽到一串促銷免稅商品的廣播內容，這內容說唱的功力不輸購物台的專家：「各位貴賓，我們即將開始售賣免稅商品，為了慶祝聖誕節的到來，機上所有商品均以85折、85折的

優惠促銷，機會難得、機會難得，歡迎各位選購、歡迎各位選購！」

每一句話都重複兩次，還特別強調「85折」這三個字，第一次在飛機上聽到空服員這麼賣力的促銷免稅品，我坐在位子上，笑個不停。

之前我在一般傳統航空公司服務的時候，也有一些熱衷販賣免稅商品的同事，在廣播的時候，也會加油添醋一番，不過像這麼類似市場叫賣的方式，只有出現在低成本航空公司。發餐、收餐都來不及了，哪多餘的時間關心免稅品。

我想起一位非常熱愛參加歌唱比賽的學長，在短暫的國內航線，這樣介紹飛機上的飲料：「各位貴賓，我們在飛機上為您提供了鋁箔包果汁、水、熱咖啡及香濃好喝、熱騰騰的薰衣草奶茶，在這寒冬裡，希望您會喜歡。」

想都不用想，問都不用問，在寒冷的冬天裡，坐在國內線的飛機上，手握著一杯溫暖的薰衣草奶茶，看著窗外的藍天白雲，是多麼奢侈的享受啊。我們還沒開口問乘客想喝什麼，乘客就已經直接指明要喝「香濃好喝、熱騰騰的薰衣草奶茶」，經過學長特別介紹，平常乘客最愛點的熱咖啡乏人問津，而這款薰衣草奶茶，竟然發了八壺，是平時的四倍量，我和另外一名學姐不停來回穿梭在走道跟廚房間，忙著泡一壺又一壺的奶茶。

飛了三個落地之後，我和學姐的腳快斷了，學姐對我說：「麗婷，我知道學長很有服務熱忱啦，可是，我真的快累死了，妳去跟學長商量一下，可不可以不要特別介紹薰衣草奶茶啊。」

　　「好吧，其實我也好累喔。」，我說。

　　我往前走，想用暗示的說法告訴學長：「學長，那個啊，薰衣草奶茶今天銷量很好耶，我們後面每一趟幾乎都發了八壺……」，順便用手敲了敲腿，表示很累。

　　學長：「真的啊，辛苦妳們了，不然，等一下落地之後，我唱一首客家山歌慰勞慰勞各位好了。」，學長這個回答讓我不知道怎麼接下去。

　　走回後面，學姐急忙問我：「怎樣怎樣？妳跟學長說了嗎？」

　　我無奈的點點頭，「我跟學長說我們每趟都發了八壺，學長說等一下落地要唱客家山歌慰勞我們。」

　　學姐聽完之後，嘆了口大氣，「唉~~~~~那我們還是繼續發那『香濃好喝、熱騰騰的薰衣草奶茶』好了。」

空服誤我一生

糟了，睡過頭了！

年過三十之後，體力真的大不如前，現在回想，五趟國內線、兩趟台北到澳門的國際線，還有早上飛台北到韓國、接著下午飛越南的航班，根本是不可能的任務。

在國外過夜，我們都是兩人一個房間、兩張單人床，不過有一次，在韓國仁川的過夜班，飯店搞了個大烏龍。我們那組，有四個女生、兩個男生，其中一位學妹是韓國僑生，她偷偷告訴我，兩張雙人床的房間只剩下兩間，另外僅存的一個雙人房，是一張雙人床。所以她私下用韓文告訴飯店的櫃檯人員，把兩張單人床的房間留給女生，讓那兩位男性同事共睡一張雙人床，要大家假裝三個房間都是一張雙人床。

我一聽，暗自竊笑，偷偷跟她比了個大拇指，表示OK。

到了房間之後，我先上廁所，上完廁所之後，無意識的把捲

筒衛生紙折成一個三角形，走出廁所的時候，覺得怪怪的，好像哪裡不對，再回頭看了一下，對著那個被我折成三角形的捲筒衛生紙嚇的驚聲尖叫。

「天啊，我瘋了、我瘋了！」，我大叫著跑出浴室。

學妹緊張的問：「怎麼了，怎麼了，學姐妳看到了什麼？還是有鬼？」，學妹還不敢發出「鬼」這個字，只用嘴型表示。

我指著廁所的捲筒衛生紙，慌亂的說：「我竟然把飯店的衛生紙折了個三角形啦，又不是在飛機上，我在做什麼啊我。」

學妹看到那個捲筒衛生紙，冷靜的安慰我，她也曾經做過這種事，自己也被自己嚇到。是喔，還好不是只有我會做這種蠢事。

梳洗完之後，我們躺在各自的床上聊天，想著明天要幾點起床、吃什麼早餐，然後又聊到那兩位男同事今晚該怎麼睡，明天起床之後應該有笑話可以聽了。明天是下午的班機，所以我們早上吃完早餐之後，還有時間到附近的超市買些韓國的泡麵、零食。

「那我鬧鐘就設早上八點喔。」，學妹睡前這樣告訴我，之後我們就進入了甜蜜的夢鄉。

空姐飛常不簡單
我的空服生涯全紀錄

　　早上八點，鬧鐘響了，我沒有賴床的習慣，所以就先起床，讓學妹多睡個幾分鐘。十五分鐘之後，我走到學妹的床邊，搖了她一下，叫她起床，學妹一睜開眼，看到我已經化好妝了，驚慌失措地說：「現在幾點了？我是不是睡到中午了？完了，我是不是睡過頭了？」

　　看著學妹一副剛睡醒搞不清楚狀況的樣子，實在好笑，原來，也不是只有我發生過種事，醒來的時候不記得自己身在何處、現在幾點、今天要不要上班，如果我騙學妹她睡過頭了，她很有可能會相信吧。

　　到了飯店樓下大廳集合的時候，那兩位男同事一直互相抱怨對方打呼太大聲、搶被子，其中一位同事還說對方的啤酒肚頂到他的背，我們四個女生一路上憋著笑，卻很有默契的什麼都沒說。

　　空服員最常做的惡夢就是睡過頭，對其他行業來說，上班遲到，頂多被扣薪水，但空勤組員遲到，就是一件大事，不僅自己要被記過，更換空勤組員名單[4]的程序更是勞師動眾，要聯絡的窗口包括公司、出發地機場，還有目的地機場的各相關單位，如果名單上的人名或任何資料不對，都要重新更改、再列印出來，這樣一來，飛機就有可能因為更改名單的作業而延誤起飛。

---

[4]. 空勤組員名單：General Declaration，簡稱 GD。

害人不淺的職業病

除了粹華之外，我還有一位要好的國中同學世璇。我們三個的情誼從國中開始到現在，已經超過三十年了，一直到現在，還是會固定聚會。中秋節的晚上，世璇帶著她的一對小學三年級的雙胞胎女兒，和我跟粹華一起吃晚餐。

每收完一道菜，我就開始清理桌面，拿著濕紙巾東擦擦、西擦擦，吃到最後，粹華終於忍不住了，她說：「欸，妳累不累啊？都已經不當空服員這麼久了，還有職業病啊？」

沒錯，無法忍受桌面亂七八糟，就是空服員的職業病之一。每次到KTV唱歌，我都會忍不住把桌上的空的瓶瓶罐罐丟到垃圾桶，收到朋友都受不了了，這樣讓他們壓力很大，要我休息一下。

吃完晚餐之後，我們又到附近的百貨公司閒晃，路上，世璇提醒雙胞胎姐妹，回家記得整理書包。我心想，我小時候每天都把所有的書都放到書包裡，從來不整理書包的，怎麼現在變成了一個有半強迫症的人，還有許多人問我是不是處女座的？

這一切，都是因為當了十幾年空服員累積而成的生理職業病。

我跟粹華說，比起其他人，我還算是輕微的，有一個學長，

228

空姐飛常不簡單
我的空服生涯全紀錄

才叫嚴重。飛機上報紙種類有自己固定的順序就算了，還要排成小扇形，不只家裡一塵不染，連冰箱裡的飲料，比便利商店架上的還要整齊，除了依照品牌分門別類，還要圖案一致朝外。

在飛機上，為了維持廚房檯面的整潔、減少垃圾量，在發完餐點後，我們都會把剩的柳橙汁、蘋果汁、蕃茄汁、水各併成一瓶，再把空瓶、空罐壓扁，才丟進垃圾桶。之後，拿出一個小抽屜，把併完的各種果汁、紅酒、白酒、水等放在抽屜內，這樣一來，廚房的桌面就非常整齊。收完餐點，也會拿著空的托盤，再巡視客艙一次，收一些乘客使用完的杯子。

有一次，我請一位學弟把剩下的果汁併一併，我要送杯熱茶給一位乘客。回到廚房後，看著檯面上只剩下一瓶果汁，覺得奇怪，剛剛每種果汁不是都還有兩、三瓶嗎？怎麼併完之後只剩下一瓶柳橙汁？

我問這位學弟：「其他的果汁呢？」

學弟指著那瓶柳橙汁說：「學姐，您不是要我把果汁併一併嗎？我都併在這一瓶啊。」

天啊，學弟把蘋果汁、番茄汁全都併到這瓶柳橙汁裡了！！！

我拿著這瓶「綜合果汁」，還特地稱呼這位學弟為「學

長」，來表示我的無奈：「學長，不是這樣併的啊，柳橙汁跟柳橙汁併一瓶、蘋果汁跟蘋果汁併一瓶、番茄汁跟番茄汁併一瓶，你把不同口味的果汁全都併成一瓶，有人敢喝嗎？這一瓶，您留著自己喝吧！」，真的是被這位學弟打敗了。

說也奇怪，每個空服員即使下了班之後，在生活上還是有自己莫名的堅持：不能在飯店的洗手槽洗絲襪、刷牙洗臉完洗手槽檯面上也不能有一滴水、進浴室不能穿室內拖鞋，一定換浴室拖鞋、晾衣服時要依照顏色排列、出門一定要化淡妝、包包裡沒有護手霜就沒有安全感……

像我，每到公共場所，看到滅火器，總會有一股衝動，上前查看標籤上的有效期限。將一個從來不整理書包的小女生，變成一個SOP控，這些害人不淺的職業病，真的誤了我的下半生。

這些空服員（包括我）連日常生活習慣都有某些莫名的堅持，換句話說，就是不折不扣的SOP控。

不飛了，要做什麼？

我從來沒想過，我會跑去唸研究所。

國中畢業之後，本來想念個專科就好，反正我不喜歡坐辦公室，當空服員只要專科以上學歷就好，可以提早進職場賺錢，有什麼不好？

2016年招考空服員的新聞特別多，主要是因為出入境人數增加、航空公司添購新飛機及開立新航線，還有一些大陸航空公司也來台招募空服員。

經過激烈角逐考上了之後，接下來，就要開始魔鬼訓練了，書本最後的附錄，是關於安全類訓練課程的範例，想成為一位空服員之前，必須先通過這些訓練；成為一位空服員之後，除了每個月的線上測驗，也要定期接受年度複訓，以維持空服員的資格，每年到了年度複訓的時候，大家都痛苦到想離職。

也許空服員就是擺脫不了被物化的命運，但在刻板印象之外，也請相信，能夠通過這些訓練，確實不是件容易的事。

當時爸爸說，他對我只有一個要求，一定要有張大學的畢業證書，好吧，我勉為其難的答應了。大學四年，我能混則混、能翹課就翹課，以至於現在，西班牙文幾乎都還給老師了。

我的父母從小就讓我學習各種才藝，鋼琴、畫畫、書法、跆拳道……能想到的才藝，我幾乎都學過，但卻總是遇到困難就放棄，我的爺爺老是笑我，像我這樣做什麼、學什麼都半途而廢，長大後能做什麼事情？

　　小時候不懂、也不以為意，但隨著年紀增長，我才了解「堅持」是多麼重要的一件事，只要堅持，就算最後結果不如預期、甚至失敗，但因為努力與堅持過，自己也對得起自己。

　　大學畢業之後十幾年，我發現我毫無成長，離開空服，繞了一圈，我還是回到航空公司工作。這時，才興起了唸研究所的念頭。

　　研究所的同學，來自各行各業，大家果真對空服員這個行業充滿好奇，也認為空服員轉職不是一件困難的事，但要轉職，就得要有一切從頭來過的心理準備。很多朋友都覺得我很上進，其實，我只是看清真相而已：不進則退。

　　繼續飛或轉職，都是個人的選擇，無關什麼好或不好，有許多同事，雖然結婚生子，但有另一半的支持，還是可以兼顧工作與家庭。也有許多同事轉職到飯店業、旅行業、其他運輸業或自家航空公司的地勤職，還有幾位空服員考上飛行員，甚至還有一位學弟，已經拿到博士學位，在大學裡擔任副教授。無論如何，在飛行同時，加強自己的競爭力，利用自己的優勢，面對轉職的

時候，才能勇敢的踏出第一步。

　　希望在天上的爺爺，能夠看見她的孫女沒有辜負他的期望，在大學畢業後二十年，我的堅持拿到了碩士學位，也完成了這本書，也希望每一位空服員飛行平安，happy landing！

遠東航空復航當日與李志熙副總（中）合影留念，右一為現任遠東航空公司空服處經理詹琇芳。

附錄

新進空服員安全類訓練項目範例

訓練類別 訓練科目/課目	課程內容	合格標準
(B) 民用航空運輸作業概論 Civil Aviation Indoctrination		
(B01) 民航法規介紹 Aviation Regulations	現行法規介紹 1. 民用航空法 2. 航空器飛航作業管理規則 3. 民航通告 4. 課堂測驗	筆試 100分
(B05) 航空用語 Aviation Terminology	1. 專有名詞介紹與說明 2. 工作制式用語 3. 課堂測驗	筆試 100分
(C) 乘客處理 Passenger Handling		
(C02) 乘客處理 （包含身心障礙乘客作業處理） Passenger Handling/ Acceptance	1. 乘客隨身行李規定 2. 乘客因故臨時離機處理程序 3. 個人電子裝備使用規定 4. 機內禁煙規定 5. 航機特殊乘客處理 ・出口乘客 ・乘客載運限制規定 ・有成人陪同的嬰兒孩童 ・單獨旅行的孩童 ・孕婦 ・視障乘客及導盲犬 ・聽障乘客搭機安排 ・輪椅乘客搭機安排 ・病患乘客作業辦法	筆試 100分

空姐飛常不簡單
我的空服生涯全紀錄

訓練類別／訓練科目/課目	課程內容	合格標準
	・乘客自行攜帶氧氣瓶上機處理程序 ・需要救護車乘客作業辦法 ・乘客意外死亡處理 ・滋擾乘客處理 ・酒醉乘客處理 ・被戒護人員 ・拒絕入境、遣送出境之乘客 ・安全因素內之身心障礙乘客 6. 課堂測驗	
(D) 客艙作業基本通則 Guidelines for General Rule		
(D01) 客艙作業基本通則 Guidelines for General Rule	1. 組織編制及組員職掌 2. 客艙配置 3. 航機指揮及溝通系統 4. 駕駛艙進出作業規定 5. 客艙組員最低及標準派遣員額 6. 客艙組員座位配置與使用 7. 客艙安全作業流程 8. 客艙組員適航檢查規定 9. 報到及航前簡報 10. 航機內需具備之文件及配備 11. 班機到離文件 12. 安全示範規定及作業標準 13. 客艙環境安全規定 14. 組員行李置放作業標準 15. 課堂測驗	筆試 100分

訓練科目/課目　　訓練類別	課程內容	合格標準
(E) 機種介紹、裝備操作訓練 A/C Equipment Introduction & Training		
(E01) 機種介紹 Airplane General Description	1. 機種介紹 2. 飛機重要結構/原理 3. 駕艙介紹 4. 客艙介紹 　・艙門 　・客艙組員座椅 　・乘客座位說明 　・燈光系統 　・氧氣系統 　・通信系統 　・廚房與廁所 　・緊急裝備 5. 緊急程序 6. 課堂測驗	筆試 100分
(E02) 艙門操作 Door Operation Procedure	1. 機種艙門介紹 2. 正常操作程序 3. 不正常操作程序 4. 緊急操作程序 5. 飛安事件研討 6. 實作及考驗	PASS
(E03) 客艙電器裝備使用說明 The Operation of Electronic Equipment	1. 燈光系統 2. 廣播及通話系統 3. 廚房電器系統 4. 課堂測驗	筆試 100分

空姐飛常不簡單
我的空服生涯全紀錄

訓練類別 訓練科目/課目	課程內容	合格標準
(E04) 緊急裝備說明及操作 Emergency Equipment Description & Operation	1. 航前檢查作業標準 2. 機上緊急裝備標誌及位置說明 3. 緊急裝備功能與使用介紹 　·逃生繩 　·防煙眼罩 　·斧頭 　·MRT[1] 　·PROTECTIVE GLOVES[2] 　·救生衣 　·兒童救生衣 　·嬰兒救生衣 　·發報機 　·手電筒 　·H_2O Fire Extinguisher[3] 　·HALON Extinguisher[4] 　·氧氣瓶 　·防煙面罩 　·洗手間煙霧偵測器 　·洗手間自動滅火器 　·其他安全裝備-安全帶	PASS

---

[1]　MRT (Manual Release Tool)：用於當客艙失壓時，若氧氣面罩沒有掉下來的開啟工具。

[2]　PROTECTIVE GLOVES：滅火時所用的防護手套。

[3]　H_2O Extinguisher：水滅火器，適用於紙類、布類、木材類等第一級火災。

[4]　HALON Extinguisher：海龍滅火器，除適用於上述第一級火災外，另也適用於油脂類、電器類、化學類等所有類型火災。

訓練類別 / 訓練科目/課目	課程內容	合格標準
	・其他安全裝備-氧氣系統 ・其他安全裝備-機上廣播及通話系統 ・其他安全裝備-燈光系統 4. 水/陸上緊急裝備使用區分 5. MEL[5]介紹 6. 飛安事件研討 7. 依Check List[6]實際操作，在規定時間內通過考驗	
(E05) 安全示範與演練 Safety Instructions & Demonstration	1. 介紹安全示範之重要性 2. 介紹安全示範之要領、重點 3. 口頭說明之方式 4. 課堂演練及考驗	PASS
(E06) 客艙檢查及實作 Cabin Check	1. 組員航前檢查重點與要領 2. 電器裝備檢查重點與要領 3. 客艙清潔檢查重點與要領 4. 清艙檢查重點與要領 5. 安全檢查重點與要領 6. CLB[7] 7. 實機演練測試及課堂測驗	筆試 100分 & PASS

[5] MEL (Minimum Equipment List)：「最低裝備需求手冊」，係經民航局核可之正式文件，供機長、簽派員與機務人員於飛機系統失效或次要結構零件缺少時，提供安全簽放之標準指導綱領。

[6] Check List：考核表/檢查表。

[7] CLB (Cabin Log Book)：客艙維護紀錄本，為客艙長登錄機上各項裝備功能缺損之文件。

空姐飛常不簡單
我的空服生涯全紀錄

訓練類別／訓練科目／課目	課程內容	合格標準
(E07) 工作流程演練及測試 Cabin Operation Workflow	1. 工作流程介紹 2. 工作流程技巧説明 3. 課堂模擬演練 4. 實機演練及考驗	PASS
(F) 客艙安全及緊急程序訓練 Cabin Safety &Emergency Procedures Training		
(F01) 客艙失壓 Decompression-Slow/ Rapid	1. 機艙加壓與減壓介紹 2. 失壓種類及影響 3. 缺氧與減壓症 4. 失壓案例研討 5. 失壓影片觀賞 6. 失壓狀況説明與處理 7. 失壓考核表説明 8. 失壓模擬演練，合併於水/陸上逃生演練(Mock-up[8])實施	筆試 100分
(F02) 客艙滅火演練 Guidelines for Cabin Fire Drill	1. 客艙火災概述 2. 火災區分及器材介紹 3. 客艙防火 4. 客艙滅火程序 5. 密閉場所滅火狀況判定及滅火 6. 航機於地面失火時處理程序 7. 滅火影片觀賞 8. 滅火考核表説明 9. 滅火模擬演練	PASS

---

[8] Mock-up：模擬艙。

訓練科目/課目	課程內容	合格標準
(F03) 緊急程序（水/陸上迫降逃生） Emergency Procedure Training	1. 緊急狀況的性質 2. 駕、客艙組員的職責 3. 課堂實作（含近期飛安事件之研討）： ・逃生撤離簡語講授 ・教授Prepared Procedure[9]，包含緊急狀況任務分配、疏散程序、逃生廣播及降落前準備 ・有預警及無預警之水/陸上迫降程序 4. 各項異常狀況研討 5. 課堂測驗	筆試 100分
(F04) 水/陸上逃生演練 (mock-up) Force Landing/ Ditching Evacuation Practice	1. 機型艙門及實作演練 2. 滅火器實作及考驗 3. 異常狀況組員之反應、協調與溝通 ・客艙火災 ・客艙失壓 ・水/陸上迫降 ・劫機與爆裂物處理	PASS
(F05) 異常狀況處理 Abnormal Situation Handling	1. 亂流處理程序 2. 組員失能時處理原則及規定 3. 緊急逃生後處理程序 ・海上求生 ・叢林求生 4. 課堂測驗	筆試 100分

---

[9] Prepared Procedure：有足夠時間可完成緊急狀況之客艙準備。

空姐 飛 常不簡單
我的空服生涯全紀錄

訓練類別 訓練科目/課目	課程內容	合格標準
(G) 危險物品處理訓練 Dangerous Goods Training		
(G01) 危險品認識與處理 Dangerous Goods Handling	1. 危險物品定義、政策及空運方式介紹 2. 危險物品分類 3. 載運限制 4. 隱藏性危險物品 5. 危險物品處理 6. 標記及標籤 7. 影片欣賞	筆試 80分
(H) 保安訓練 Aviation Security Training		
(H01) 保安訓練新訓 Aviation Security Initial Training	1. 國際保安規範及公司保安計畫介紹 2. 危安物品及爆裂物辨識 3. 航空器清艙檢查 4. 飛航中非法干擾行為發生之處罰程序（包括劫機、疑似爆裂物等緊急事件） 5. 保安認知訓練（如機場保安措施或有關保安規定介紹）	筆試 80分
(I) 機上緊急醫護協助訓練 Aviation First-Aid Training		
(I01) 航空生理 Physiology of Flight	1. 人體結構與功能 2. 登機前旅客健康評估 3. 飛航保健	綜合測驗 100分 & PASS

訓練類別 訓練科目/課目	課程內容	合格標準
(I02) 航程中乘客之急救與處理 First Aid in Cabin	1. 外傷處理搬運與急救箱使用 2. 敷料與繃帶包紮（實習）	綜合測驗 100分 & PASS
(I03) CPR[10] AED[11]	CPR教學與實作 AED教學與實作	綜合測驗 100分 & PASS
(I04) 3K[12] (FAK[13], EMK[14], UPK[15])	1. 認知及了解機上醫療器材使用方式及注意事項 2. 實際操作 3. 課堂測驗	綜合測驗 100分 & PASS

---

[10] CPR (Cardiopulmonary Resuscitation)：心肺復甦術。

[11] AED (Automated External Defibrillator)：自動體外心臟去顫器。

[12] 3K: FAK、EMK、UPK之簡稱。

[13] FAK (First Aid Kit)：急救箱。

[14] EMK (Emergency Medical Kit)：緊急醫療箱。

[15] UPK (Universal Precaution Kit)：衛生防護箱。

空姐飛常不簡單
我的空服生涯全紀錄

國家圖書館出版品預行編目(CIP) 資料

空姐"飛"常不簡單：我的空服生涯全紀錄/ 王麗
　婷著. -- 初版. -- 新竹縣竹北市：方集，
　2017.02
　　面；　公分
　ISBN 978-986-471-098-0(平裝)

　1.航空勤務員 2.文集

557.948　　　　　　　　　　　105024688

空姐飛常不簡單
──我的空服生涯全紀錄

著　　　者：王麗婷
發 行 人：蔡佩玲
出 版 者：方集出版社股份有限公司
地　　　址：302新竹縣竹北市台元一街8號5樓之7
電　　　話：(03)6567336
聯絡地址：100臺北市重慶南路二段51號5樓
聯絡電話：(02)23511607
電子郵件：service@eculture.com.tw
出版年月：2017.02 初版
定　　　價：340元
I S B N：978-986-471-098-0

總 經 銷：易可數位行銷股份有限公司
地　　　址：231新北市新店區寶橋路235巷6弄3號5樓
電　　　話：(02) 8911-0825　傳 真：(02) 8911-0801